经济与法译丛

在全球性组织中领导文化变革

匹配文化与战略

LEADING CULTURE CHANGE IN GLOBAL ORGANIZATIONS

ALIGNING CULTURE AND STRATEGY

（美）丹尼尔·丹尼森（Daniel Denison）
（美）罗伯特·霍伊博格（Robert Hooijberg）
（美）南希·雷恩（Nancy Lane）
（美）科琳·利夫（Colleen Lief） 著

甄杰 译

化学工业出版社
·北京·

本书明确将全球性公司的组织文化作为提高企业绩效的关键内容，并将组织文化变革与公司战略实施相糅合，充分体现了组织文化在全球性公司发展中至关重要的作用。

本书具有两个鲜明的特征：首先，将组织文化进行系统和精准的测量，即选择测量与企业绩效相联系的重要文化内容，构建了多维度、多层次的文化测量模型；其次，通过知名公司丰富的案例真实地呈现组织文化测量与企业持续变革的过程，说明了将文化测量与组织变革进行整合的方法以及具体的行动步骤。由此，作者向我们展示了在全球性公司中领导文化变革的切入点，细化了公司所需要付诸行动的一系列努力。

本书不仅是全球性公司通过文化变革来实施发展战略和提高运营效率的范本，而且对于其他各类公司深入认识公司现状、把握公司根本性问题并采取有效措施具有战略性和实操性两方面的重要价值。

LEADING CULTURE CHANGE IN GLOBAL ORGANIZATIONS: ALIGNING CULTURE AND STRATEGY, first edition/by Daniel Denison
ISBN 978-0-470-90884-6

北京市版权局著作权合同登记号：01-2015-7960

图书在版编目（CIP）数据

在全球性组织中领导文化变革：匹配文化与战略/（美）丹尼尔·丹尼森（Daniel Denison）等著；甄杰译. —北京：化学工业出版社，2018.8
（经济与法译丛）
书名原文：LEADING CULTURE CHANGE IN GLOBAL ORGANIZATIONS: ALIGNING CULTURE AND STRATEGY
ISBN 978-7-122-32215-9

Ⅰ.①在… Ⅱ.①丹…②甄… Ⅲ.①企业文化-研究-世界 Ⅳ.①F279.1

中国版本图书馆CIP数据核字（2018）第103648号

责任编辑：刘立梅　　装帧设计：张　辉
责任校对：王　静

出版发行：化学工业出版社（北京市东城区青年湖南街13号　邮政编码100011）
印　　装：三河市航远印刷有限公司
787mm×1092mm　1/16　印张10½　字数169千字　2018年9月北京第1版第1次印刷

购书咨询：010-64518888（传真：010-64519686）　售后服务：010-64518899
网　　址：http://www.cip.com.cn
凡购买本书，如有缺损质量问题，本社销售中心负责调换。

定　　价：76.00元　

作者简介

丹尼尔·丹尼森是瑞士洛桑国际管理发展学院（IMD）管理与组织学专业的教授，也是位于密歇根安阿伯市丹尼森咨询有限责任公司的主席与创始合伙人。丹尼森博士在艾尔比奥学院获得心理学、社会学与人类学学士学位，并在密歇根大学获得组织心理学博士学位。他已经出版了若干专著，其中包括1990年由威利出版社发行的《公司文化与组织有效性》。他的论文在许多顶级期刊中发表，包括《管理学会杂志》《管理学评论》《管理科学季刊》《组织科学》《组织动态学》《组织行为杂志》《人力资源管理》以及《政策研究评论》。丹尼森的研究、教学与咨询项目集中于组织文化及其对组织绩效和组织有效性影响等领域（电子邮箱：denison@imd.ch）。

罗伯特·霍伊博格拥有密歇根大学的博士学位，并在洛桑IMD执教。他对领导力、360度反馈、商务谈判、团队建设以及组织文化尤感兴趣。在2000年9月供职于IMD之前，霍伊博格教授执教于美国罗格斯大学的MBA项目，以及美国新泽西、新加坡、北京的EMBA项目。1997年，在罗格斯大学商学院任教期间，他被MBA学生和全体教师评为年度教授。

霍伊博格的研究成果发表于这些期刊中，例如《管理学习与教育学刊》《领导力季刊》《管理学杂志》《人际关系》《组织科学》《人力资源管理》《医院与卫生服务管理》《应用社会心理学杂志》《管理教育杂志》《管理与社会》《组织分析国际杂志》《组织行为杂志》。2007年，他出版了名为《就要在那里：通过战略、结构与系统来领导》的集著。

他为许多组织提供咨询项目服务，例如淡水河谷、威文集团、永安会计师事务所、荷兰帝斯曼、荷兰拉博银行、施普林格集团、瑞士信贷、易安信、诺和诺德制药公司、嘉士伯啤酒、挪威船级社、汇丰银行、联合利华、贝卡尔特、罗氏制药、罗氏维生素、公共服务电气公司、美国环境保护署、默克公司、美国电话电报公司、韩国电信、朗讯、荷兰社会事务和就业部、新泽西地平线蓝十字蓝盾保险公司。

南希·雷恩（伦敦经济学院理学硕士）是洛桑IMD的研究员，其研究集中于培训有效性及领导力方面。在加入IMD之前，雷恩在金融服务行业工作。她在加州伯克利分校取得经济学学士学位。

科琳·利夫是IMD的助理研究员，围绕公司文化、领导力及管理变革项目等方面展开工作。她在苏格兰格拉斯哥大学取得经济学哲学硕士学位，并取得了匹斯堡杜肯大学商务管理的理学学士学位。利夫女士在美国的主要金融机构以商业银行家的身份工作了20余年。

译者简介

甄杰，管理学博士，华东政法大学商学院副教授、硕士生导师、企业发展研究所所长，同济大学EDP特聘讲师，同济大学发展研究院秘书长、高级研究员、中国产业园区发展研究中心执行主任，上海市闵行区文化产业发展顾问，商务部国家级开发区人才培训专家团成员，中国世界经济学会会员，《当代财经》匿名评审专家。参与或主持国家自然科学基金、国家社科基金、国家软科学项目计划、教育部高等学校博士学科点专项科研基金、上海市“科技创新行动计划”软科学研究重点项目、上海市哲社项目、上海市教育委员会科研创新项目等多项研究课题。为上海、江苏、浙江、河南、安徽等地相关政府机构、产业园区、上市公司、企业集团等提供问题解决方案并进行管理培训，出版学术著作10余部，高校教材4部，发表论文50余篇，获得国家级及省部级学术、教学奖励10余项。

《在全球性组织中领导文化变革》书评

“信奉变革的高管们所爱不释手的书。”

——赛斯·哈特，菲仕兰康柏尼的首席执行官

“在这光怪陆离的时代，丹尼森及其同事为引领文化变革做出了明确指导。《在全球性组织中领导文化变革》用有说服力的案例吸引你，用基于事实的有用建议为你提供帮助，是少有的能让你乐享阅读的商业书籍。”

——罗伯特·I. 萨顿，斯坦福大学教授

“我相信‘能被度量的事务皆能被完成。’丹尼森所提供的工具和度量指标有助于组织在极其重要的文化领域追踪其进步与绩效。所有的组织都有文化，但令人遗憾的是，许多组织拥有的文化并不能导致一贯的高绩效。《在全球性组织中领导文化变革》将会为你提供一幅创建并维持带来真正竞争优势的文化路线图。我推荐这本书以及丹尼森的团队，因为在帮助你更加有效地领导并在组织内部创建更加浓厚的以结果为导向的文化方面，这本书是很有价值的。”

——大卫·A. 布兰登，密歇根大学体育部主任；达美乐比萨董事长

“通过《在全球性组织中领导文化变革》一书中的真实案例，作者重现了在全球性组织中文化的危急性，并为领导者提供了测量并转变文化的重要工具。”

——南希·迪尔曼，科特国际的首席执行官

“丹尼森的文化调研是我们更加关注客户并清晰地思考战略的重要标志。在反映整个团队集体智慧方面具有巨大的力量。”

——迈克·普力克，格兰杰国际公司董事长

“万豪酒店的文化对于我们的容忍和适应能力、维持和创新能力来说是非常重要的。这总是要求我们的领导者依赖于他们多年来所形成的集体智慧，并将其应用于未来。本书清晰描述的丹尼森模型及方法，有助于我们的领导者理解其所面临的挑战，帮助他们倾心研究能强化我们的文化并能使得组织为未来做好准备的关键问题与行动。”

——蒂姆·托宾，万豪全球学习与发展副总裁

“掌握塑造全球性组织文化所必需的操纵杆是成功领导者的重要任务。与瑞士国际管理发展学院（IMD）支持培育全球领导者的愿景相一致，我极力向高管们推荐这本书。”

——彼得·乌夫利，IMD基金董事会主席；瑞士联合银行前首席执行官

“丹尼森文化模型之美在于其简单性。记住‘颜色越多越好’，你就能迅速识别自身优势和要采取行动进行改进的领域。最重要的是，这个模型可以使得主要利益相关者之间进行对话，以驱动集中于结果的变革。”

——罗伯特·J. 斯图尔特，赫兹公司全球市场销售部高级副总裁

“对每家公司来说，创建与业务组合及目标相适应的共同文化都是必要的。本书在创建作为竞争优势的总体文化方面提供了许多有价值的洞见。”

——谢白曼，荷兰皇家生命科学集团帝斯曼（DSM）首席执行官

“终于看到希望了。我们在培植影响客户、职员、股东及组织的强文化方面有了清晰的路径。对于努力应对当今商务中的规模、速度与复杂性问题的领导者们来说，本书是必读的。要把这本书时刻带在身边。”

——菲儿·莫利，英国国家卫生署，赫尔＆东约克郡医院首席执行官

“过去，丹尼森及其同事在向我们展示文化如何影响业务绩效方面，一直都是先行者。在这本新书中，他们介绍了基于惯例、习惯和常规的新视角，该视角向我们表明了如何使用作为组织文化基础的默会组织知识。如果你需要了解如何阐述并变革组织文化，那么本书会给出你答案。”

——野中郁次郎，日本东京一桥大学

《经济与法译丛》序

几易寒暑，华东政法大学产业经济学学科组的教师们不畏艰辛，学校085项目施以援手，化学工业出版社鼎力相助，终于如愿以偿地拿出了一系列较高质量的译著成果：《经济与法译丛》。

早在10年前，我们就有心出一套《法经济学系列译丛》，展示华东政法大学产业经济学学科特色：经济与法的融合；2014年，在复旦大学出版社的帮助下，学科组成员共同努力，推出了《法经济学系列译丛》，夙愿得偿。如今，《经济与法系列译丛》又即将付梓，学科组成员欣喜而又忐忑地面对即将降生的成果。

总体而言，这套译丛体现了两个方面的内容：一是经济学相关译著共四种，包括《计量经济学：直觉、证明与实践》《基于EXCEL的数据分析建模和模拟》《在全球性组织中领导文化变革》《伟大品牌的重大错误》等；二是法学相关译著共两种：《金砖国家对外直接投资》《监管与诉讼》。

2001年，前高盛经济学家吉姆·奥尼尔（Jim O'Neill）首次提出了金砖四国（巴西、俄罗斯、印度和中国）这个概念。长期以来，金砖四国经济增长一直领跑世界，尤其是中国和印度。作为全球经济增长的引擎，其经济增长所带来的巨量过剩资本如何在境外高效投资本身并非易事，加之金砖国家匮乏的国际法律人才，使其境外投资更显得难上加难。目前关涉国际投资的国际法体系尚不完善，如何保护海外投资，使海外投资符合被投资国家的法律，已经成为金砖国家走出去必须面对的第一道门槛。《金砖国家对外直接投资》以此为切入点，重点阐述了金砖国家在国际直接投资领域和世界其他国家与国际组织所签订的双边与多边投资保护条约，提出了构建一个广泛的多边直接投资保护协定设想。该投资保护协定涵盖投资保护条款、例外条款、仲裁机制等诸多方面，它既是金砖国家走出去较好的法律读本，也是国际法，尤其是国际投资法未来改革发展的方向。

在《在全球性组织中领导文化变革》译著中，以全球知名跨国公司如GT汽车、通用电气、中国医疗集团、淡水河谷、达美乐、瑞士再保险和普莱银行等为案例，形象直观地阐述文化对企业发展的驱动作用，尤其体现在战略设定和策略选择上。当然，著作也向读者展示了跨国大公司文化变化的困境。读来如身临其境，回味无穷。

计量经济学在我国的发展不过30多年，教育部将它作为经济学8门共同核心课程也才10多年，但计量经济学对于经济学的发展作用毋庸置疑。一旦谈起计量经济学，大多数接触过它的读者都会因其艰深难懂避而远之。即使是我国学术界使用频率较高的伍德里奇的《计量经济学导论》和古扎拉蒂的《计量经济学基础》，它们一样让人望而却步。《计量经济学：直觉、证明与实践》这本书虽然也一样深奥，但是它与一般的计量经济学书籍又有些不同。它重点阐述计量经济学模型的直观含义，尤其强调以实例为基础，通过实例应用让读者方便掌握计量经济学的基本模型，并由此享受计量经济学所带来的乐趣。

说起Excel，说不知道的人应该不多了。介绍Excel操作的书籍汗牛充栋。但《基于EXCEL的数据分析建模和模拟》这本书肯定与你以前见过的Excel有关的书籍大为不同。虽然它也是介绍如何运用Excel进行数据分析，但是，它是以现实问题为背景，如损益表问题、抵押贷款利率的计算问题，甚至约克河考古预算问题，告诉你如何针对上述问题进行建模、分析，进行实际问题的解决。更难得的是，这本书异常通俗。

品牌是什么？现代营销之父科特勒认为，品牌是销售者向购买者长期提供的一组特定的特点、利益和服务。它是一种能带来价值增值的无形资产。企业的发展离不开品牌。但是，如何树立品牌、经营品牌又是任何一个走向百年企业必须跨过去的槛。《伟大品牌的重大错误》就是一个分析品牌失败的书。从蹩脚的广告到荒谬的品牌延伸，从被误导的促销活动到考虑不周全的社交媒体运作，形形色色的品牌失败案例全方位多角度展现在读者面前。失败是成功之母，读者从此书中将获益良多。

一般来说，市场失灵就需要政府来规制。但政府规制有两种方法：一种是由行政部门来制定具体规定对市场主体进行管理；另一种是由法院通过诉讼来对市场主体进行管理。到底哪个方法更管用，更有效率，《监管与诉讼》这本书汇集了当今一些著名的监管经济学家和法经济学家对监管与诉讼的一些著名观点。

这套书的精彩之笔在此难以一一评说。无疑，华东政法大学产业经济学《经济与法译丛》的面世，将会进一步推动学术界更加关注经济学与法学的融合生长。也将会更加激励产业经济学科的同仁们以更开放的胸怀，汲取当今世界经济学与法学的最新前沿成果，鞭策其再接再厉，拿出更具分量的法经济学成果来，为学术界贡献绵薄之力。

是为序。

序言

自20世纪80年代组织文化的概念在理论与实践方面受到重视以来，该领域已经取得了很大进展。人们在如何定义、测量组织文化，以及组织文化作为与组织理论或组织绩效相关联的事物是否具有作用等方面都存在争论。这一概念对于企业家很有吸引力，因为他们将自己视为文化的缔造者，但他们并非总是了解组织文化的含义。作为一种体现领导者价值及捕捉所有薄弱之处（企业家认为必须要顾及）的方式，组织文化变得日益重要。组织文化在变革理论中也扮演着重要的角色，既是变革最大的约束因素，又是真正实现变革时必须要改变的因素。这一概念引起了创建不同种类文化的即时象征主义理论家的遐想。并且，也被许多想要对其进行测量的社会心理学家所迅速采用——无论这一概念的内涵是什么。

丹尼森是早期组织文化的“测量者”之一。他第一本文化方面的著作《公司文化与组织有效性》（1990）说明了文化测量的确与绩效有关。而在这本新书中，丹尼森和其同事已经将所有方法发展到成熟阶段，成为组织文化研究的重要成果。通过对许多实际文化变革的案例进行分析，他们为读者提供了有用和相关的测量工具，在测量维度选择方面以相关组织理论为基础，并且最为重要的是，他们说明了整个调研过程是怎样与持续的变革过程合为一体的。

案例研究表明，如何对文化进行量化和实际化是战略和战术变革的关键，而这些变革是组织不得不在始终动荡不安的世界中所推动的。本书描绘了有效的文化测量方式的演化规律，创造性并负责任地运用了这一规律。我用“负责任”这个词是因为，对于那些假设其了解最初要测量的内容并将测量结果反馈给组织却又不考虑这会如何帮助或阻碍组织将来发展的人，我一直持否定态度。

本书所呈现的内容与早期过于简单的方法相比已发生了很大变化。在本书开始，丹尼森就关注到文化维度与组织绩效的联系，提出了文化分析的环境。文化的内容虽然广泛，但只有其中的组织文化可能与组织试图从事的工作有关。并且，只有一部分文化与组织如何发挥作用的组织理论相联系。因此，丹尼森明智地只选择测量那些与绩效相联系的文化，并且说明了把测量和与组织共同工作结合在一起是如何真正改善绩效的。

当然，形成一种测量工具，即便它具有合适的文化变量也是远远不够的。丹尼森及其同事始终向我们展示着，组织在测量过程中自身介入变革且有益的情况下，文化测量要素是如何在帮助组织提升方面真正地发挥作用的。变革导向的领导如果没有测量工具无法进行变革，但是如果测量导向的领导没有将测量工具整合到变革过程结构中，那么也不能制造出变革。可见，这是不容易的，然而本书的案例对相应的方法进行了分析说明。

通过长期的文化分析，我们既对测量工具的有效性有了一些了解，更重要的是，通过说明测量如何集中于变革活动，又对组织进步所实际需要的付出有了认识。这种从投入到测量的过程是丹尼森及其团队所展现的变革过程中至关重要的一环。在描述变量如何测量变革时，作者也向我们说明了组织理论的重要因素——要使得文化变革有意义，实际上需要做出哪些努力？我们所测量的方案在变革代价方面如何影响了我们的理论思考？

对于许多学者、顾问和领导者来说，面对如何开启文化变革以及如何使变革保持正轨等难题时，这些案例和分析将是非常有益的。

埃德加·沙因
名誉教授
麻省理工学院斯隆管理学院

前言

创作本书的想法最初来自于罗伯特·霍伊博格和我在2009年的一次讨论，当时我们正在为国际管理发展学院（IMD）策划一系列一流的以提升绩效为目标的高级管理人员项目（OWP）。每年六月份，该项目都会把将近500位管理者聚集在瑞士洛桑我们的校园里。国际管理发展学院的老师们也都会前来展示其最新和最好的思想，这种碰撞会产生许多令人兴奋的交流与学习。那一年，罗伯特和我有机会进行了为期一周的半天会议，我们定下来的会议主题就是“在全球性组织中领导文化变革”。

我们都在试图实施重要文化变革的组织中工作过多年。有些变革要远比其他变革成功得多！我们编写了一系列研究案例，并且对运用组织文化调查工具追踪过的一些成功变革的公司尤其感兴趣。我们非常了解这些公司的变革过程，因为在整个过程中我们都与他们一起工作。当我们开始考虑提高公司文化变革的成功率时，很快发现我们了解许多全球性公司：美国的达美乐公司、瑞士的再保险公司、德国的德意志技术公司、英国和美国的GT汽车公司、斯堪的纳维亚的极地银行、中国的通用电气医疗集团、巴西的淡水河谷公司。所有这些都是全球性组织，但是它们正在以非常不同的视角来看待全球化的文化挑战。

我们设法说服这些公司中的几位管理者作为当年的嘉宾演讲人，而这也给了我们机会，可以针对这些公司准备更多的案例。我们的合作者南希·雷恩和科琳·利夫撰写了这些公司的教学案例，准备在国际管理发展学院进行展示，从而也加入到创作本书的工作中。这次会议非常顺利。但是当项目结束时，我们意识到大家已经配合得非常默契，已经可以开始本书的写作了。

乔西－巴斯/威利出版社的编辑卡特·斯威尼给我们提出了许多好的建议，我们据此安排了写作计划。本书覆盖了丰富的文化主题：支持基层一线的重要性、形成战略一致性的动力、并购中文化整合的挑战、将文化变革从一个国家输入到另一个国家的过程、在新兴市场中建立全球业务的经验教训，以及借助新兴市场建立全球业务的经验教训。每一个主题都是一章内容的焦点，案例则是公司的实例。我们的调查结果有助于确保对变革进行正确的描述，而这些变革在组织成员的眼里真的会有所不同。

这些组织的领导者是本书之所以能够完成的真正功臣。我们在这些公司的文化变革中发挥了积极作用，大部分组织都表示我们为它们提供了很多帮助，这令我们感到很骄傲。但其实，这些公司的领导者们所采取的行动才是案例故事中最精彩的部分，他们将组织文化视为变革过程的关键内容从而成功地转变了组织。许多公司的领导者都试图管理好自己的组织，并且希望在如何使文化成为公司的重要发力点方面有更多的了解，本书正是为了他们而撰写的。

在本书中，我们也期望能在实践方面为研究文献做出贡献。自开展公司文化重要性的学术讨论以来，人们就一直对难以看到甚至更难以改变的文化的较深层面比较重视。沙因几年前对此进行了解释：将基本假设从价值观和行为或者表面器物中区分开来是很重要的。但对我们一介凡尘来说，要在实践中看到这些层面仍然是困难的。当我们一直寻找形成组织文化基础的基本假设时，这会变得尤其困难。

我们在写本书的总结时意识到，变化过程的许多挑战都涉及了变化的仪式、习惯与惯例。习惯也具有深层的结构并难以改变，但是与组成基本假设的广泛基础相比，其范围却相当狭窄。文化研究者对这些假设已探究数年，却鲜有成功。有些习惯是好的，而有些是坏的；有些是旧有的，而有些是全新的。这些洞见引导着我们开始将所研究的组织视为这些相互关联而有趣的习惯束。所有这些习惯都在基本假设方面有其根源，都被固定在其组织的价值系统中，并被一系列可见的行为所表现出来。当我们与一些公司一起工作并帮助他们理解其所经历的文化变革时，我们也发现这一框架是非常有用的。文化研究者要形成一套这样的思想有很多工作要做，不过这已经被证明对行动很有助益。

在全球性组织中构建积极文化是一项令人生畏的挑战。思忖挑战的规模和范围令人卑怯，不过，一旦开始行动并看到成就却又是令人兴奋的。趁工作之便，我们荣幸地看到许多全球性公司都努力践行了这一点。我们希望能为您撷取其中的经验教训，以便您也能把这些思想付诸行动。

著者

译者序

翻阅本书原著的时候我非常欣喜。首先，文化一直以来被许多人认为是一个既重要又宽泛的主题，特别是在全球化的背景下对此进行探讨是有难度的，而本书通过构建文化测量模型将复杂的文化变革问题简单化了，这恰好表达了管理学的精髓。其次，本书是将理论研究与实践应用相结合的最好范例，著作者丹尼尔·丹尼森教授及其合作者以其前期学术研究成果为基础，将测量模型广泛、深入且持续地应用在全球性公司的文化变革中，为这些公司的成功转型或相互融合做出了重要和清晰的贡献。最后，该书的内容在此时翻译成中文对于中国企业来说具有很好的指导价值。中国的改革开放程度日益提高，面临的经营环境也愈加复杂，企业在国际化的过程中必须有效地处理诸多棘手的文化变革问题，但现实经验表明中国企业在这方面的能力并不强，本书无疑将会为中国的研究者和实践者带来有益的启发。

在开始翻译这本著作之前，我与主要作者丹尼尔·丹尼森教授进行了电话沟通，虽然我们未曾谋面，但在通话中我们对彼此都有了更加立体的了解。丹尼森教授明确将全球性公司的组织文化作为提高企业绩效的关键内容，并将组织文化变革与公司战略实施相糅合，充分体现了组织文化在全球性公司发展中至关重要的作用。本书的内容具有两个鲜明的特征。首先，将组织文化进行系统和精准的测量，即选择测量与企业绩效相联系的重要文化内容，构建了多维度、多层次的文化测量模型；其次，通过知名公司丰富的案例真实地呈现组织文化测量与企业持续变革的过程，说明了将文化测量与组织变革进行整合的方法以及具体的行动步骤。由此，作者向我们展示了在全球性公司中领导文化变革的切入点，细化了公司所需要付诸行动的一系列努力。

这是我的第一本译著，虽然是对自己专业领域内的著作进行翻译，但对于是否能够做到“信达雅”实际上是没有把握的。幸好，华东政法大学的同事杨佳锋老师欣然接受了邀约，负责完成了本书译稿的全部校对工作。佳锋老师是英文翻译专业出身，在对译稿进行数次校对的过程中，他对语法、词汇的正确运用和对语境、语义的贴切理解，让译稿中的许多错误得到了修正。同时，对于有些文字，杨佳锋老师还进行了重新的翻译。向杨佳锋的辛勤付出表示敬意与感谢！

同时，也感谢我的父母家人，繁忙的工作任务让我无法更多地陪伴他们，而他们不仅总是给予宽容的理解，还特别关心我的身体健康。如今，经过一年多的艰苦工作，我们将丹尼尔·丹尼森教授及其合作者的这本著作以中文呈献给您，希望这本书能对您的工作有所助益。由于水平所限，本书的翻译可能仍有不当和疏漏之处，还请读者见谅并批评指正。

甄杰

2018年6月21日

目录

1　构建高绩效的商业文化

每一个人类组织都构建了自身独特的文化。从在家乡经营的家族企业到跨越国家文化与时区的全球性公司，每一个组织都有着独特的身份。部落、家庭、团队和公司都形成了复杂而特定的身份，并随着时间而发生演化。

它们的文化总是反映出人们为了生存和相互适应而获得的经验教训，这也是集体的智慧。数千条相互锁定的惯例共同勾勒出公司的结构，并将永恒的知识转化为每天及时的行动。保持公司活力并使公司良好运营的传统习惯和风俗会随着时光的变迁而更有影响力。当公司开始显现不稳定的情况时，文化就会发挥支配性作用！为了经受住风暴，公司所有成员都倾向于借助可靠的方法。

然而，尽管我们放眼未来，但是嵌入公司文化中的知识总是昨天的知识，是为了解决过去的挑战而习得的。我们应该为将来保留过去的哪一部分？我们应该如何将过去的原则用于解决未来的问题？我们应当怎样把过时的实践扔到“公司博物馆”，以便它们不会发展成抑制最佳实践的障碍并使得我们最重要的客户感到毫无收益?

有些管理者试图忽略这些挑战，从而把精力集中于费用比率、分析报告、贴现现金流及其下一次的并购中。这可是个坏主意。其他的高管们将塑造并管理公司文化视为最重要的挑战之一。正如富国银行CEO约翰 · 斯坦普所说：“这关乎文化。我可以把战略扔在飞机座椅上，竞争对手可以拿去看，但这并不会为他们带来什么不同。”[1]前IBM主席郭士纳也有同样观点，“文化不只是游戏的一个方面——它是游戏本身。最终，一个组织只是其员工创造价值的集体能力”。[2]员工创造了这些。[3]员工形成了组织。员工创造了技术。员工融入了资金。员工发展了市场。没有实施与一致性，就没有战略，而只是一个计划。

正是员工创造了这些，这点很容易被忘记，因为我们对于所创建的结构的记忆往往比我们怎样及为何创建它们的记忆更持久，这让我们感到自己是牺牲品而不是创建系统的梦想家。但是，从长远来看，一家公司的管理者所能做的最有影响力的事情之一便是，为其组织创建独特的个性，与其商业环境相适应，并区别于其竞争对手。

但是你要从哪里入手呢？过去二三十年的研究表明，组织文化以下面4种主要方式对商业绩效产生影响：

---

❶ Guerrera, Francesco. “Wells Fargo Cracks the Whip.” Financial Times, August 24, 2008.
❷ Gerstner, Louis V., Jr. Who says Elephants Can’t Dance? New York：HarperCollins, 2002.
❸ Schneider, Benjamin. “The People Make the Place.” Personnel Psychology, no.40 (1987): 437-453.

- 创建组织的使命感与方向。
- 构建高水平的适应性与灵活性。
- 培养员工的参与度。
- 提供强烈根植于一套核心价值观的一致性。

这些是显著影响商业绩效的文化特征，因此，这也是我们的研究旅程必须开启的地方。

但是像公司文化这样复杂的东西真的能被管理吗？这项任务是令人生畏的，但是无所作为可不是什么好的选择！组织文化大师埃德加·沙因说得好："要么你管理文化，要么文化管理你"。❶管理文化变革当然不容易，但是现实生活中有许多成功的全球性公司的文化管理案例。本书便是围绕七个这样的案例而撰写的。

什么是公司文化？为什么它是重要的？

一家快速成长的美国公司在其年度假日聚会时，会从屋顶放飞几百个气球，并将此活动作为聚会的高潮。每个气球里都会有一张崭新的100美元的钞票。无论是谁抢到气球，都会得到很多钱。这种活动简单、有趣，也比世界上所有的人事政策手册都更有作用。它有助于抓住公司文化中一些关键性定义的本质：文化既是"我们在此做事的方式"，也是"当我们认为无人关注时所做的事"。文化是"符号、核心逻辑、形成员工行为的思想软件"，以及"我们所习得的重要到必须传递给下一代的经验教训"。❷

沙因的经典方法把文化分为6个层次。❸他认为，基本假设存在于文化的根源，是"无意识、理所当然的信念、感知、思想与感觉"。信奉的价值观起源于基本假设，是"战略、目标与人生哲学的支持性理由"。最终，最高层面是"器物"，被定义为"虽可见，却难以解释组织的结构与过程"。

---

❶ Schein, Edgar H. The Corporate Culture Survival Guide. San Francisco: Jossey-Bass, 1999.

❷ 对以下定义表示感谢："我们在此做事的方式"来自于Peters, Thomas J., and Waterman, Robert H., Jr. In Search of Excellence: Lessons from America's Best-Run Companies. New York: Warner Books, 1982;"当我们认为无人关注时所做的事"来自于Bryan Adkins, personal communication, 2008;"符号、核心逻辑、形成员工行为的思想软件"来自于Hofstede, Geert, and Hofstede, Gert Jan. Cultures and Organizations: Software of the Mind. New York: McGraw-Hill, 2005;"我们所习得的重要到须传递给下一代的经验教训"来自于Schein, Edgar H. Organizational Culture and leadership (4th ed.). San Francisco: Jossey-Bass/Wiley, 2010.

❸ Schein, Organizational Culture and Leadership.

图1.1描绘了一座冰山。冰山只有10%是可见于水面之上的，90%都沉于水面之下。但是水面之下的这部分却可以让轮船沉没。类似地，往往正是我们无法看见的那部分文化让我们陷入了麻烦。该图也提醒我们，文化是习得的——它从我们一起所学习并积累的原则中建立起来。过去的经验教训又形成了我们未来生存的战略。温斯顿·丘吉尔在建筑学方面说过类似的话："我们塑造了建筑，此后建筑塑造了我们。"[1]

图1.1　文化反映了经久习得的经验

因此，我们的心态与世界观形成了我们利用过去的经验教训锻造未来战略的方法。商业领袖做得怎么样呢？嗯，该方面的记录也不是很令人振奋。菲尔·罗森茨威格最畅销的《晕轮效应》[2]一书解释说，当成功的公司成为业界神话的时候，其商业实践被模仿的理由既有好的又有坏的。取得巨大成功的公司有许多人人都想沿袭并被简单模仿的原则与实践，而要将真正影响商业绩效的原则与实践从中分离出来，无论是研究者还是高管人员在这方面做得都不太好。从功能中区分出时尚往往比看起来要更加困难。

对于"迷信学习"的研究由来已久，这很可能根植于马利诺维斯基对于一百多年前巴布亚新几内亚特罗布里恩群岛"船货崇拜"的研究。[3]理查德·费因曼用第二次世界大战末的一个故事进行了解释：

在战争期间他们看到载有许多精良物资的飞机降落，他们现在也想要同样的事

[1] Churchill, Winston. House of Commons (meeting in the House of Lords). October 28, 1943. http://www.winstonchurchill.org/learn/speeches/quotations.

[2] Rosenzweig, Phil. The Halo Effect…and the Eight Other Business Delusions That Deceive Managers. New York: Free Press, 2007.

[3] Malinowski, Bronislaw. Argonauts of the Western Pacific. Prospect Heights, IL: Waveland Press, 1922.

情发生。于是，他们模拟了跑道，在跑道两旁点起火，搭建一个可以坐进去一个人的木屋，用两个木片戴在这个人的头上来模仿耳机，竹棒像天线一样伸出来——他就是控制员，他们等着飞机降落。他们所做的事情都是正确的。形式上很完美。看起来和之前的方式一样。但是这并不起作用。没有飞机降落。❶

你可能会认为，“在区分现实与虚幻以及决策真正发挥作用的内容方面，现代公司‘群落’必定要远比巴布亚新几内亚的古代部落做得更好！”嗯，让我们先不要着急得出结论。最近许多对于次贷危机的描述强调了所创建系统持续上升的影响力。❷抵押贷款专员如果推销了更多的次级贷款，就会得到更多的奖金。新贷款的手续费收入很高，甚至足以使得不良贷款也成为银行的好业务。这些政府担保的贷款被出售给其他银行，而这些银行赋予贷款AAA的安全级别。世界各地的投资者都来抢夺这些贷款，因为它们会有更高的回报率。这一系统形成了银行贪得无厌的需求，它们会寻找更多潜在的购买者，这些买家“炒卖”其新的住房，希望在期末大额偿还到期之前利用上涨的不动产价格，借入超出自身能力的款项。这一系统运转得如此之好，以至于在当下系统停止偿还之后很久，每个人都还继续寻求下一笔交易。因此，我们甚至在最为复杂的组织中都可以看到，仪式是如何从现实中被分离出来的。❸

公司文化如何影响商业绩效

在过去20年中，我们研究了组织文化与商业绩效之间的联系。我们一直尝试理解高绩效与低绩效组织之间不同的文化特征。❹这些研究检验了我们模型中的4个基本特征——使命、适应性、参与和一致性，以及绩效测量诸如利润率、销售增长、质量、创新与市场价值之间的联系。由于这种研究，我们形成了测量文化的一种方法，并且创建了运用广泛的文化调查活动，旨在帮助组织聚焦于需要注意的事件，

---

❶ Feynman, Richard. Surely You' re Joking, Mr. Feynman! (Adventrues of a Curious Character). New York: Norton, 1985: 340.

❷ 参见，例如，Lewis, Michael. The Big Short. New York: Norton, 2010; McLean, Bethany, and Nocera, Joe. All the Devils Are Here. New York: Penguin Press, 2010.

❸ 参见 Weeks, John. Unpopular Culture. The Ritual of Complaint in a British Bank. Chicago, IL: The University of Chicago Press, 2004, 有关投诉的仪式如何脱离现实的深刻分析。

❹ Denison, Daniel R. Corporate Culture and Organizational Effectiveness. New York: Wiley, 1990. 我们联系文化与有效性的研究也在附录部分进行了总结。

超越有关员工满意度、参与度、士气方面的讨论，以更好地理解他们构建组织未来所采取的行动。图1.2表明了我们所发现的“重要内容”。

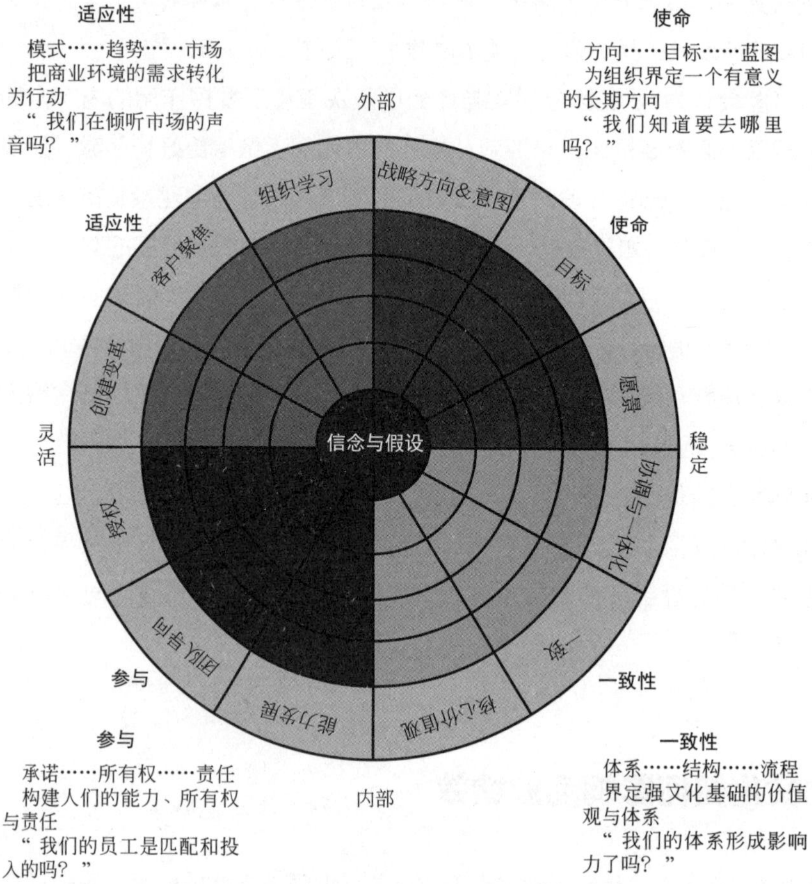

图1.2　重要内容

● 使命。成功的组织有着清晰的目标与方向感，使其能够界定组织目的与战略，并建立组织未来引人注目的愿景。在界定使命中，领导者扮演着重要角色，但是使命只有在被自上而下充分理解时才会实现。清晰的使命通过界定引人入胜的社会角色和一系列组织目标来阐述目的与涵义。我们集中于使命的3个方面：战略方向与意图、目标、愿景。

● 适应性。强烈的目标与方向必须由对商业环境高度的灵活性与响应性来补充。具有较强目标与方向感的组织往往是最不能适应环境和最难改变的。相比之下，适应性组织很快就能把组织环境的需求转化为行动。我们集中于适应性的3个维度：创建变革、客户聚焦、组织学习。

● 参与。有效的组织赋予员工权力并吸引员工，围绕团队构建其组织，从各个层面发展人们的能力。组织成员对工作高度负责，并有强烈的参与感和主人翁意识。各个层面的员工都会感到他们参与了影响其工作的决策，感到其工作与组织目标直接相联。我们关注参与的3个特点：授权、团队导向、能力发展。

● 一致性。当组织保持一致并被很好地整合时是最为有效的。行为必须根植于一系列核心价值观，并且员工一定要善于通过吸收各种观点并达成一致，从而将这些价值观付诸于行动。这些组织拥有高度忠诚的员工、做生意的独特方法、从内部提升的倾向、一套清晰的行为准则。这种一致性是保持并进行稳定内部一体化的有力来源。我们关注一致性的3个因素：核心价值、协议、协调与一体化。

像许多现代的领导力模型与组织有效性模型一样，我们的模型关注于一系列必须处理的动态矛盾与冲突。[❶]正如沙因和其他学者已经注意到的，有效的文化总是需要同时解决两个问题：外部适应性与内部一体化。该模型强调了4个方面的冲突：稳定性与灵活性之间的权衡，内部与外部关注点的权衡，这是该框架的基本维度。[❷]此外，内部一致性与外部适应性的对角张力以及使命与参与之间“自上而下”和“自下而上”的冲突是组织所面临的竞争性要求的典型内容。

对于这些动态矛盾，做到其中的一个方面相对容易，但是要做到两方面就困难得多。聚焦于市场并且追寻机会的组织，往往在内部一体化方面麻烦最大，而一体化和控制方面做得较好的组织经常却难以聚焦于客户。具有自上而下愿景的组织常常会发现，要专注于自下而上实现愿景所需的动力是困难的。然而，有效的组织找到了解决这些动态冲突的方法，而不必依赖简单的权衡。美国小说家F.斯科特·菲茨杰拉德表达了同样的观点，他说：“检验一流智力的标准，就是在头脑中同时存在两种相反的想法但仍保持行动能力。”[❸]

在该模型的中心，我们发现一个基本的信念与假设。尽管组织文化的这些更深的层次很难测量，但是它们提供了行为与活动发生的基础。有关组织及其员工的基本信念与假设、客户、市场与行业以及公司的基本价值主张创建了紧密交织在一起

---

❶ Denison, Daniel R., Hooijberg, Robert, & Quinn, Robert E. “Paradox and Performance: a Theory of Behavioral Complexity in Leadership.” Organizational Science 6, no. 5 (1995): 524-540.

❷ Lawrence, Paul P., and Lorsch, Jay W. Organization and Environment. Cambridge: Harvard University Press, 1967.

❸ Fitzgerald, F. Scott. “The Crack Up,” part one. Esquire, February 1936. http://www.esquire.com/featrues/the-crack-up.

的逻辑，使得组织成为一个整体。但是，当组织面临变化或遭遇来自竞争的新的挑战时，这一系列建立于该基础之上的核心信念与假设、战略及结构就会受到冲击。当这种情形发生时，组织系统以及将之联为一体的文化就必须被重新审视。

一些真实案例

模型中的概念是聆听了世界各地数百家大小不一、公私各异、新旧不同、成败兼有的组织的故事后而形成的。为了描述这4个特点对于真实世界中商业成功的重要性，我们现在来考虑4个著名的案例：宜家、苹果、丽嘉酒店和丰田汽车。

宜家：产生于核心信念与假设的使命

宜家的创始人英格瓦尔·卡姆普拉德生长于瑞典南部贫瘠的农场中，他年轻时就成为了企业家。1976年，在成功创建了瑞典家具企业后，他将做生意的关键原则总结到一本名为《一位家具商的遗嘱》的书中。[1]值得注意的是，30多年后这本书中所描绘的许多原则仍然具有活力。

和大多数伟大的组织一样，卡姆普拉德的公司也不只是创造利润，它还试图在世界上服务于更崇高的目的。宜家为许多人带来了时尚、价值和更好的生活。公司产品为全球每一个人而设计，将节俭、创新、时尚融合在一起，并运用了环境友好型的材料。每一个人都应该有机会成为宜家改革的一部分。

对我们客户有好处的，从长远来看，也会对我们有好处。这是一个带有责任的目标……这一目标必定包括了全部的家庭情境；也就是说，提供了家中各处的家具和配件，无论是室内还是户外……它一定要反映出我们的简单和直接的思考方式。它一定要耐用并易于使用。它必须反映出一种轻松、自然和自由的生活方式[2]。

在书中，卡姆普拉德也表达了宜家应该如何运营的强烈信仰，强调个人的简约与自立，他今天已坐拥300多亿美元，但仍然珍惜每一分钱。以下是他对于简单朴素的观点：

---

❶ Kamprad, Ingvar. A Furnitrue Dealer's Testament. A Little IKEA Dictionary. Delft, Netherlands: Inter IKEA Systems B.V., 2007.

❷ 同脚注❶，第7页。

官僚制复杂且陷于瘫痪！夸张的计划是公司死亡最普遍的原因。我们不需要豪车、光鲜的头衔、定制的服装或者其他身份的象征。我们仰赖自己的力量与意愿。[1]

在全球性企业战略如何能产生于创始者的核心信念与假设这方面，宜家是一个极好的例子。让我们来简单考虑一下宜家体系的一个关键要素：平装家具。正如所有忠实的宜家家具购买者所熟知的，沿着商场的单向走道漫步，看看厨房和卧室的陈列，在餐厅驻足喝杯咖啡或吃个简餐，最终你会走到付款台并带走所买的东西。这些商品都是用平板箱包装的，要客户带回家自己安装。你无须支付额外费用就可以享受到家庭的快乐。

这种绝妙的战略创新来自于何处呢？它是领先的咨询公司昂贵的研究成果吗？或者是旨在使宜家更看重客户至上的公司创新中心的副产品吗？根本不是！

1952年，宜家第一批雇员中的吉利斯·伦德格伦遇到了一个问题。他当时正试着将一张桌子装到沃尔沃车上并运送到客户那里。但桌子的大小并不合适。吉利斯想："天哪，这可真是占地方！我们把桌腿卸掉放在桌板下面吧"。[2]他说对了！这正是全球性战略，剩下的就是实施战略了。到了1956年，这一做法就标准化了，并自此成为宜家的基本原则。当前的体系持续地建立在这些早期构建的关键原则之上。

宜家强烈的使命感与有影响力的公司文化并非没有局限性。公司增长稳定，但速度相对较慢，尤其是考虑到其客户具有巨大的热情。宜家从未在办公家具市场上有太大影响，这主要是因为很少有公司想要自己组装其办公家具。拓展到越来越远离瑞典本土的国家中去为公司带来了一些挑战。那些不喜欢"豪车、光鲜的头衔、定制的服装或者其他身份象征"的成功的特许经营商，也为宜家带来了艰难的选择。但是总的来说，"宜家的方式"已经从企业家梦想成为全球性偶像，是其50年发展历程的核心部分。

苹果：适应性带领市场步入未来

自从1976年苹果公司在加利福尼亚州库比蒂诺的一个车库中创办以来，其员工凭借在客户隐性需求方面无与伦比的洞察力而取得了成功。他们通过塑造渴望向客户转达其技术，一次又一次地开发出客户并不真正了解自身需求的新产品，直到

---

[1] Kamprad, Ingvar. A Furnitrue Dealer's Testament. A Little IKEA Dictionary. Delft, Netherlands: Inter IKEA Systems B.V., 2007: 14.

[2] Jennings, Jason. Less Is More: How Great Companies Use Productivity as a Competitive Tool in Business. New York: Penguin Group, 2002,16.

消费者发现生活中已经离不开这些产品为止。正如联合创始人史蒂夫·乔布斯所推行的，苹果公司将注意力放在开发“为追求时尚的人士提供的玩具”方面，而他们的竞争对手经常关注的是新中央处理器（CPUs）的兆赫兹数（MHz）。[1]

最近，苹果在引领市场方面具有影响力的天才之作是应用商店（App Store）。这是由适应性创建竞争优势的出色案例。建立在iPod和iTunes巨大成功的基础之上，苹果着手开发硬件与软件以开创另一个之前并不存在的新市场：智能手机与应用商店。

在苹果公司的iPod获得将近5亿台的销量之后，很难相信10年之前没有人听说过iPod。虽然我们有些人会下载数字音乐，但是大多数人仍然会随身携带CD。不过，iPod很快就成为世界各地人们的必备品。苹果公司在将音乐传送给消费者的方式上进行了根本性创新，为增加营收以及将公司带入未来的创新搭建了新的平台。苹果也成为消费者及其所热爱的音乐之间的媒介。

这为2007年苹果开发第一部智能手机（iPhone）以进入该领域做好了准备。iPhone通过互联网介入将iPod转换成触屏手机。人们不再需要带着电话和iPod，却依然要找网络来查询电影时间或餐厅位置。而现在，一切都在他们的手掌之中。电话的未来不再是“无线电和天线”的区分，而是软件的差异，这是一个巨额的赌注。[2]这场赌注取得了相当的成功——到2008年第四季度，苹果超越了黑莓制造商运动研究（Research in Motion），成为继诺基亚和三星之后的第三大手机制造商。

首先，开发者创建了自己未经批准的应用程序（apps）。但是2008年3月，苹果发布了软件开发工具包，以帮助开发者创建自己的apps。他们也为应用商店建立了一套激进的规则。[3]提交一个app要花费开发商99美元，他们可以任意向下载者收取费用。苹果公司留取售价的30%作为管理费用，剩余的70%分给开发商。如果app免费提供，苹果将不会提取佣金。苹果公司自身会维持应用商店、控制批准流程，通过iTunes支持整体运营。

应用商店于2008年7月被推出，当时有500个apps，同时3G iPhone在全球22个国家同时发售。第1年，开发了将近10万个apps，2000多万部iPhone手机有了20亿次的下载量。到本书出版之日，已有超过100万个apps问世。苹果公司

---

[1] Schein, Edgar H. The Corporate Culture Survival Guide. San Francisco: Jossey-Bass, 1999.

[2] Wingfield, Nick. “iPhone Software Sales Take Off: Apple’ s Jobs.” Wall Street Journal, August 11, 2008, p.B1.

[3] Krazit, Tom. “Apple Developers Mark a Year of iPhone Apps.” CNET News, March 5, 2009. http://news.cnet.com.

的应用商店估计每年会产生10亿美元的收入。

苹果的创新精神深植于其基因中。它一直以来都很明智地拥有一种独特的思维模式，即关注于以客户为中心的生态系统。他们的创新以创建革命性市场的方式，结合了开发者与消费者的硬件与软件两个方面。应用商店把开发者无穷尽的创造力与消费者无止境的需求联系在一起，以0.99美元或更低的价格为起点，并由此创建起来。随着苹果公司的发展，史蒂夫·乔布斯的创新深化也将会在很长时间内继续与我们同在。

丽嘉酒店：参与创造能力

丽嘉酒店的创始人恺撒·里兹在20世纪早期为欧洲的酒店设立了极高的标准。他说："当顾客有请求时永远不要说不，即使他们想要月亮。你要一直尝试满足他们。"丽嘉的"服务三步骤"为五星级的服务质量确立了高标准：

- 温暖而忠诚的问候。使用客人的名字。
- 预期并满足每一位客人的需求。
- 美好的再见。温暖的再见并使用客人的名字。

丽嘉酒店将其28 000名员工称作"女士们和先生们"，他们为被称作女士们和先生们的顾客提供服务。该酒店引人瞩目的核心价值观被员工充分理解，而后从"员工承诺"和"信条"开始着手。

但是，其中最为显著的部分是实际上的这种做法：每天，所有丽嘉酒店的服务人员都参与到每日简报中，一起碰面讨论当天发生的事件、他们处理这些事的做法以及这些做法如何与丽嘉酒店的原则相匹配。简报由当地经理主持。当天的事件与行为也被其系统所记录，以便于他们了解每一位客人在每次光顾时的经历。这样，即便是在另外一家丽嘉酒店，该记录也可用来预期并调适客人的体验。这也使得其员工具有不同寻常的能力：他们可以在每一家酒店为每一位客人提供同样水平的客户服务。在其中一家酒店为客人创建的偏好资料，可以在任何时候跨越国家或是在全世界得以应用。

我的一个朋友讲述了住在丽嘉酒店时外出跑步的故事。当他第一次跑步回来时，服务生问他是否要喝点什么，他要了一瓶水。第二次，酒店就提前为他准备好了一瓶水，并问他是喜欢苏打水还是纯净水！令他吃惊的是，另外一家丽嘉酒店也了解了他个人的这种习惯和偏好。

我们通常把高度参与的工作实践与扁平、民主以及层级和地位区分较少的组织联系在一起。但这是丽嘉酒店文化的一部分，并产生了有趣的现象：为了在豪华酒店市场中与客户的要求共同成长，他们把赌注押在自下而上的管理上！他们确实言出必行：每一位服务运营中的“女士和先生”都有2500美元的权限来现场解决客人的问题。

有些人会认为，只有在丽嘉酒店所服务的高端市场上，你才能够为客人提供如此慷慨的关注。[1]他们的客人平均年收入为25万美元，并且有将近一半的客人是回头客。显然，经理和员工都投入时间进行每日简报是一个重要的商业决策。但是如果缺失了流程中这一关键部分的话，好主意就只会是个好主意，而不会被作为久经考验的里程碑式的竞争战略付诸实践。丽嘉酒店正是借此在豪华酒店行业中与其他酒店区分开来。

丰田：一致性是质量的基础

丰田由丰田纺织株式会社于1937年创建并生产汽车，其早期的历程非常艰难，必须利用每次机会降低浪费并有效地利用资源。在公司受到更多关注之前，丰田文化已经有机地成长许多年了。但是到了20世纪80年代，其世界级水平的质量以及引人注目的成功使得许多人都想要学习其精髓，并了解丰田在制造业其他领域所创造的巨大的竞争优势。当今，丰田模式是世界上阐述得最为清晰的管理理念之一——可能除了通用电气之外，描写丰田的著作比描写其他任何一家公司的都要多。[2]但是，正像许多公司所发现的那样，当试图模仿丰田生产系统的时候，描述丰田的理念与文化要比复制它容易多了。引用丰田前总裁张富士夫的话：

> 丰田模式的关键以及使得丰田卓越的不是个人方面的因素。重要的是把所有因素整合为一个系统。它必须以非常一致性的行为每天得以实践，而不是以迸发的方式进行。
>
> 我们最为重视实际实施与采取行动。有许多事情某人并不理解，因此我们就问他们，你为何不前行并采取行动呢？为何不尝试着去做些什么呢？你意识到自己所

---

❶ 丽嘉酒店施行的大规模定制原则也可以被用于低端市场。例如，阿姆斯特丹史基浦机场的CitizenM酒店免费进行大规模定制。你可以为自己的房间在许多氛围模式中进行选择：照明、音乐、温度、警报等。进行过一次这样的选择，你就会把那些选择结果存入个人资料，他们就会等待你的下次光临。与丽嘉不太一样的是，这里要便宜得多。

❷ Liker, Jeffrey. The Toyota Way. New York: McGraw-Hill, 2004.

知甚少并面临失败，你只是纠正这些失败并重新来做，而第二次尝试你又认识到另一种错误或者另外一件你不喜欢的事情，于是你再重新做一遍。所以，通过不断的改进，或者，我应该说，通过基于行动的改进，一个人可以在实践与知识方面提升到更高的水平。❶

丰田模式有14个不同的元素，这些在很多资料中都已经得到了清晰的阐述。其中一个关键因素是对“拉动式”系统的依赖，该系统可以避免过量生产，并迫使组织及其供应链对市场需求做出反应。这有助于他们创建持续的工序流程以把问题推向表面，平衡工作量并强迫他们停下来解决问题，以便于他们能在第一次就达到质量要求。该方式也拓展到其合作伙伴及供应商那里，向他们提出挑战并帮助他们改善提升。

久而久之，丰田系统从其经验中被构建起来。丰田培养了完全理解工作并奉行公司理念的管理者。他们依靠“可视的”控制使得问题无处遁形，当存在问题时，他们鼓励管理者“自己去看看”。最终，他们把管理决策建立在了长期理念的基础之上；他们慢慢地通过共识来进行决策，而后却迅速实施。在解决内部一致性与外部适应性的动态悖论方面，他们在行业中身先示范。通过成为不断反思与持续改进的学习型组织，他们已经做到了这一点。

这些原则中的每一个都很重要，并且是整个系统所要求的一部分。这是一个通过几乎完美的横向协调，以有效和可预测的方式创建出来从而管理复杂事物的系统。然而，一旦你形成了能让你看到流程的思维模式，这也会变得相对简单。❷“我们所做的就是盯着从客户给我们订单的那一刻到我们回笼现金的那一刻的时间期限。并且通过消除无附加价值的浪费缩减这一时间”。❸

丰田已经成功地将其生产系统的逻辑与文化移植到全世界。这一演化的理念已经引领丰田从战前日本的一家步履维艰的公司成为世界最大和最盈利的汽车制造企业。而且，丰田制造方法几乎被世界上的每一家制造商所模仿，以希望达到由该领导商所界定的质量水平和一致性。

但是在2010年年初，丰田遇到了多年来最大的一次挑战。北美市场上丰田汽车的“突然加速”问题成为全世界的头条新闻，危害到其声誉。一夜之间，其股票

---

❶ Liker, Jeffrey. The Toyota Way. New York: McGraw-Hill, 2004.

❷ Rother, Mike, and Shook, John. Learning to See: Value-Stream Mapping to Create Value and Eliminate MUDA. Cambridge, MA: Lean Enterprise Institute, 2003.

❸ Ohno, Taiichi. Toyota Production System: Beyond Large-Scale Production. Tokyo: Diamond, 1978.

价格和销售量剧烈下滑。虽然很难确定其中的核心技术问题，但是这也带来了一个严重的教训：当声誉建立在质量与一致性方面时，绝对有必要保护和防御这些特征以维持品牌并在必要时重建品牌。当我们声称要依赖核心价值观生存时，人们就会期望我们每天都做到这些，不能失败。

这些实例——宜家、苹果、丽嘉酒店和丰田——都被筛选出来描绘使命、适应性、参与和一致性原则的重要性。这些著名的成功事例显示了这些原则的力量，并有助于描绘这些原则在实际经营中的涵义。

在全球性组织中领导文化变革

本书试图填补文献中有关组织内文化与领导力方面的空白：当你要变革组织时会发生什么？什么会发挥作用？什么不会发挥作用？这是全部的机会与魅力所在吗？或者这是全部的流程、方法、措施与结构吗？许多学者向我们提供了在组织中领导变革的重要原则。[1]但是，却鲜有系统地跟踪变革中什么起作用和什么不起作用的研究，从而使我们能够在全球性组织中成功地创建变革方面有更多的了解。

我们再次构建了世界范围内的7个案例研究，其中我们还用一段时间跟踪了这些组织及其管理者，研究他们发起的变革，试图理解那些变革对于企业的影响。对于每一个组织，我们都分析了调查“之前与之后”的结果，以追踪文化变革过程。这是本书的中心部分，我们在每一章都运用同样的方法来跟踪每一个组织所取得的进步。因此，我们需要举个简单的例子，学习如何解释这些剖面图。

文化模型中的4个构念是通过产生剖面图的60个调查项目来测量的。这个剖面图把测量结果与1000多家组织的基准数据库相比较。[2]这60个项目测量了使命、适应性、参与和一致性这4个文化特征。这4个特征中的每一个都用3个指标来测量，这12个指标的每一个又由5个调查项来测量。该分析有助于鉴别组织文化的优势与劣势，理解它可能对于商业绩效的影响。我们在附录中对该调研和支持性的研究进行了详细讨论，包括展示组成12个指标的60个项目的案例。

解释文化剖面图的第一条规则很简单：颜色越多越好。剖面图分数表明组织相对于基准的等级。例如，在愿景方面得9分意味着组织位列第9百分位，这表明基

---

[1] Collins, Jim. Good to Great: Why Some Companies Make the Leap…and Others Don’t. New York: HarperCollins, 2001.

[2] Denison, Daniel R., and Uehara, Ken. “Denison Organizational Culture Survey: Overview of 2011 Normative Database.” Denison Consulting, August 2011.

准数据库中91%的其他公司在愿景方面的分数都比他们的要高。

当百年制造公司的高管团队看到他们的结果时（见图1.3），沉默良久。负责运营的总裁说道：“嗯，我承认我不是一个有远见的人，也不是一个战略家——我是一个让火车准点运转的家伙。”当他们关注一致性结果时，他们承认其对内部控制的强调使其在市场反应方面变得很困难。他们认同自己具有强烈的核心价值观，但是也怀疑这些对未来来说是不是正确的价值观。他们中有人说：“我们的核心价值观可以完美地应对20世纪80年代的挑战”。最终，当他们看到剖面图中团队导向的成绩时，他们中有人断言：“我们是一个团队没错——我们都一起衰弱下来！”

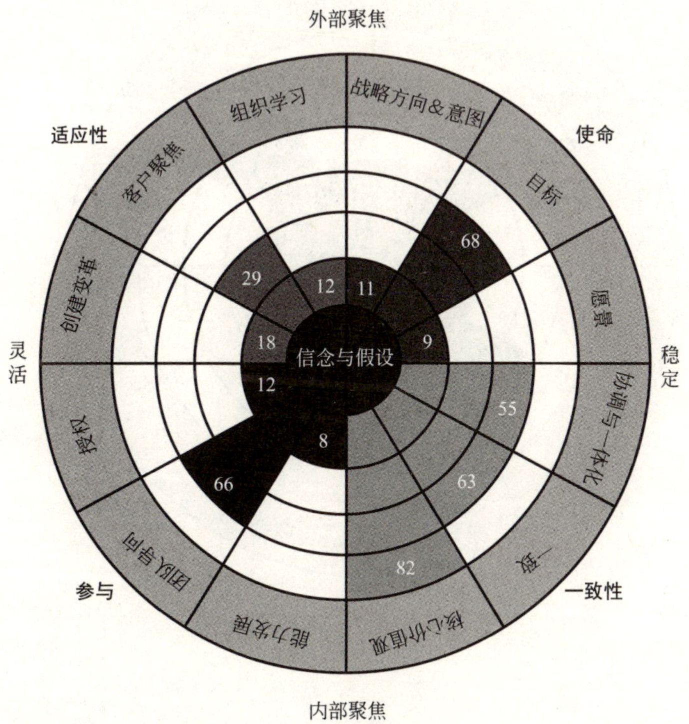

图1.3　百年制造公司

这些成绩帮助领导团队看到，即便他们仍然可以生产质量良好的产品，对许多员工来说也是不错的雇主，但是他们所创建的系统在创新与成长方面也面临着困难。得分结果也使得领导团队明白，他们自身正处于问题的中心，其行动也必须处于解决方案的中心。

当面临这种结果时，大多数实现成功变革的组织都会经历图1.4中所描绘的过程。调查结果有助于识别差距并界定需要变革的内容。但是，为了推进行动，组织必须建立一支团队——“指导联盟”，这是哈佛教授约翰·科特所提的术语——以创建未来的愿景，并明确可以将他们带到目的地的行为与责任。[1]为了确认变革过程中的责任，做出跟踪变革进展的承诺也是很重要的。正如著名的管理顾问拉姆·查兰所指出的，“在愿景与幻想之间存在着分界线”。[2]跟踪进展通常会导致另外一轮集中的变革。本书所研究的每一个组织都经历了这种变革过程。我们参与了每家组织的变革过程，并会在每一章中对我们的作用进行概述。

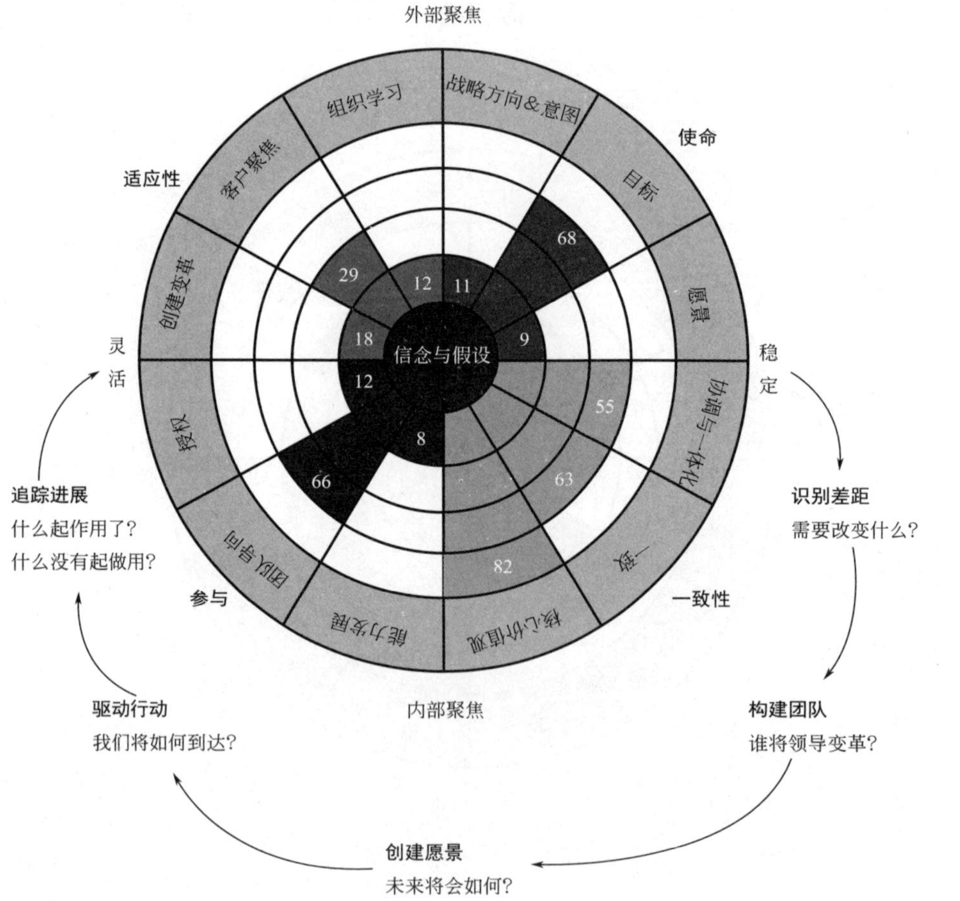

图1.4　领导文化变革

---

❶ Kotter, John P. Leading Change. Boston: Harvard Business Press, 1996.

❷ Charan, Ram. Leadership in the Era of Economic Uncertainty: The New Rules for Getting the Right Things Done in Difficult Times. New York: McGraw-Hill, 2008.

本书的计划

本书的独特之处在于围绕7个纵深的案例研究构建框架。我们跟踪了每个组织的变革过程，运用数年来调查变革“之前和之后”的结果进行追踪，以便总结强调在全球性组织中领导文化变革的一些主要经验和教训。我们在第2章中从关注支持组织中一线员工的重要性开始，并运用达美乐比萨的案例进行说明。由创建者领导了将近40年的达美乐公司，通过贝恩资本收购、新CEO的引入、成功的新股首发（IPO）以及把员工作为竞争优势首要来源等战略的实施，展现了公司转型方面令人振奋的模式。第3章转到战略一致性的主题，并运用了两个欧洲组织的例子。第一个例子是德国的德意志技术公司，向我们表明了组织层面目标、愿景与战略的清晰列述对于战略实施过程的重要性。第3章也在瑞士再保险公司的美国分部调查了危机驱动的自上而下战略变革的实施。该调查表明了，对日常工作具有真正影响的变革何以成为最可能“坚守”并产生持续影响的因素。第4章聚焦于文化工作中最普遍的主题之一：并购中的文化整合。尽管公司认识到不进行一体化很难形成规模，但是他们仍然致力于让世界上每一个人都达成共识。本章关注了极地银行，这家斯堪的纳维亚的银行尝试将3种不同的并购公司整合为一种文化。

第5章把我们引入更加复杂的主题：将文化变革从美国输出到欧洲。总部在英国的GT汽车公司在美国分部中完成了一次成功的转型，然后尝试把这些变革再输出转回到欧洲组织中。第6章集中于在发展中市场构建全球性业务的挑战。我们调研了通用电气在中国创建卫生保健业务并利用该平台开创全球业务所做的努力。在第7章最后的案例研究中，我们通过追踪巴西的矿业公司淡水河谷公司在10年间由巴西政府的一个部门发展成为全球性公司的历程，关注了从大本营开始创建全球性公司的挑战。在最后一章，我们为领导者们总结了有关这些转型的主要经验教训。我们按照存在于组织文化中的仪式、习俗和惯例的新模式讨论了这些经验教训。

我们要出发了，系好你的安全带吧！

2 支持基层第一线

捷蓝航空公司经历一番艰苦才学到支持基层第一线这一课。他们独特的高度参与的文化与友好的客户服务帮助他们最初在美国的竞争性市场中快速成长。例如，2006年，为了试图巩固在市场中的地位，他们创造了开设15条新航线的记录。但是，运输业务的急剧增长把他们的人力和组织基础设施拉伸到了极限。2007年情人节，他们达到了这一限度。在纽约约翰·肯尼迪国际机场的一场猛烈的暴风雪袭击中，他们的运营设施瘫痪了，乘客滞留在跑道上几个小时。暴风雪过后长时间持续的服务中断，让回归“正常”的工作花费了3天的时间。捷蓝航空的良好声誉及其精心打造的品牌在媒体上受到了重创。

捷蓝航空解决该问题时，强调了曾助推其快速成长的高度参与的文化，而不是紧缩开支采取更加传统的命令控制结构。他们没有采用自上而下的方式来创建扭转局面的基础设施。相反，他们把一线乘务员组织在一起，形成一个宽泛和跨职能的联合体。这支得到高层全力支持的团队为此制定了战略，使问题得到解决并确保这种情况再也不会发生。它的确再也没有发生过。

无论你身处何方，创建支持一线人员的系统将使一切大不相同。目前世界上最大的微波炉生产商——中国格兰仕就是围绕着团队而创建起来的，他们全力以赴地在各个层面提升员工的能力，这在竞争激烈的中国劳动力市场上是一个重要的优势。格兰仕像一个家庭那样来经营，努力在公司和员工之间培养情感依附的文化。格兰仕的创建者和董事长梁庆德被称为“德叔”，员工相互间称作“某兄弟”或“某姐妹”，就像家庭成员一样。每年年底，德叔都会给所有的员工和他们的家人写一封信，表达对他们工作的感谢。格兰仕在支持其4万名员工的工作中取得了成功，这帮助公司在2008年将营业收入做到了20亿美元。员工以非常不同于西方组织的方式得到扶持，但是效果非常相似。

支持一线员工对所有组织来说都是重要的，在服务业中尤其重要，该行业的产品是在交付中被生产出来的。无论你的组织是经纪行还是汉堡店，是特许经营还是互助会，是酒店还是医院，是大学还是咨询公司，如果没有与你的客户进行高质量的人员互动，就不可能有效地活动。没有一线人员的参与，你不能真正地实现组织战略中最为重要的部分：战略实施。据我们所知，市场不会为不曾得到很好实施的战略提供许多回报。基层一线没有正确的思维模式和行为方式，就不存在什么战略——它只是一套无法执行的计划。

使一线成为战略的基础

我们在本章聚焦于达美乐比萨的案例，当该公司最终决定必须让员工成为竞争战略的基础力量时，他们在质量与绩效方面都取得了较大进步。我们认真跟踪了这个事例许多年。因此，让我们从头开始讲吧。

达美乐比萨由两兄弟汤姆和吉姆·莫纳根创建于1960年，他们每人投资500美元共同买了一个比萨店。不久以后，吉姆想要退出，于是他用商店中自己的那一半份额换取了汤姆的一辆二手大众甲壳虫汽车。在汤姆·莫纳根领导这家公司的39年时间里，他把这个比萨递送店变成了世界知名品牌。1999年，莫纳根把拥有6000家店面和30多亿美元营收的公司93%的股份卖给了贝恩投资，贝恩很快就招募了大卫·布兰登作为CEO。[1]

在比萨递送行业中你怎么着手创建竞争优势呢？竞争优势是意大利辣香肠吗？是奶酪？或许是小银鱼？新的CEO及其团队做出决定，在行业内创建竞争优势的唯一方式就是凭借人。在布兰登上任的第一周，他了解到公司每年的员工流动率为158%。通过计算，他意识到拥有15万名员工的公司，如果不得不每年持续地雇佣并培训将近25万人的话，就很难会有足够的时间来制作并外送比萨。让布兰登更为震惊的是，当下的人力资源部主管对这个水平是接受的，并认为这样的员工流动对“该行业来说是正常的”。布兰登很快就从其他行业招聘了一个新的人力资源主管，她就是帕蒂·威尔默特，而且这位新主管为迎接挑战做好了准备。

布兰登起初是在结束了宝洁公司的工作后接管达美乐的，宝洁的工作是由他在密执安大学的足球教练所推荐的。后来，他还成为直销行业中瓦拉西斯传播公司的CEO，把一家几百人的公司发展成为《财富》杂志评出的最佳工作场所100强之一。在他接任达美乐CEO职位的第一天，他就对员工说道：

如果你不记得有关我今天的其他事情，那就只要记住这三个字——变革好。变

[1] Bourdet, Dorothy. “Domino Effect: David Brandon Has Pizza Chain Shaking and Baking.” Detroit News, December 9, 2006: 1.

革不是指责过去。它只是意味着未来将会不同。如果这听起来让你有些振奋，那你会喜欢我的。如果你们中有些人正在想“我宁愿以我们一直以来的方式行事”，那我要告诉你——你会恨我的。❶

无论是他带领着几千名达美乐员工大喊公司愿景——“我们要打造世界上最好的比萨递送公司！我们是了不起的人！”还是向新任店面经理教授财务知识，或是说服持怀疑态度的行业分析师，布兰登一直在宣扬达美乐的4个导向性原则：“以人为本”“构建品牌”“保持高标准”“完美执行”。在转型的第一年，达美乐员工共同努力推行这些导向性原则。

他们尽一切努力去改善工作质量。招聘中会更注重应聘者的态度，因为他们认为技能可以被教会，但是态度是顽固持久的。外送司机的药物检测、预防财务“缩水”和偷窃的新软件，以及不得重新雇佣被解聘员工的禁令，这些都得以执行并有助于改善工作质量。

所有员工都得到了特别的关注。公司为每一类员工都创建了职业“通道”，规定了雇佣标准、发展目标、晋升机会以及退出计划。这一通道面向所有类型的员工，从比萨外送小伙到店面经理、特许经营者以及未来的高管和董事会成员，都在其中。处在后25%的业绩不佳的特许经营人也会受邀参加“坦率对话”，对其店面业绩进行讨论，有些讨论内容会一直集中于经营有方的特许经营者的商业潜力。如果特许经营人不愿付出时间与精力来提升业绩，达美乐就会帮助他们或是促成将其业绩不佳的店面卖给另外一个特许经营人。

达美乐的业绩稳步提升。在2004年上市之后，贝恩投资注意到达美乐是他们所做的最好的私人股权投资之一，投资回报率达到了500%。❷参与、能力以及团队工作是他们成功的标记。

一致性追踪进展

随着这一转型的开始，我们用5年多的时间追踪达美乐的变革进展。追踪过程旨在确认组织正在取得的进展不只是停留在高层管理者的头脑里，而是真正起始于基层的变革。该调查以我们的组织文化模型为基础，包括了管理的所有层面以及店

❶ Denison, Daniel R., and Lief, Colleen. “Domino’s Pizza: Change Is Good.” International Institute for Management Development, Lausanne, Switzerland, IMD 3-1839, 2008.

❷ 同脚注❶。

面员工。

图2.1展现了2001年的基准文化数据。这些结果表明达美乐起初所面临的挑战非常清晰：能力发展、协作与整合、客户导向以及组织学习这4个方面与全球基准相比都低于第40个百分位。[1]参与领域——尤其是能力发展的低分数表明，达美乐在改进一线员工能力时还有许多工作要做。图2.1中的这些结果将管理观概括为一个整体。但是，当我们在基层管理者和店面员工身上关注更多细节的时候，“参与”的分数甚至更低。当达美乐将高业绩的和低业绩的店面与区域在文化分数方面进行比较时，他们发现区域和店面的层次也会让文化产生很大差异。

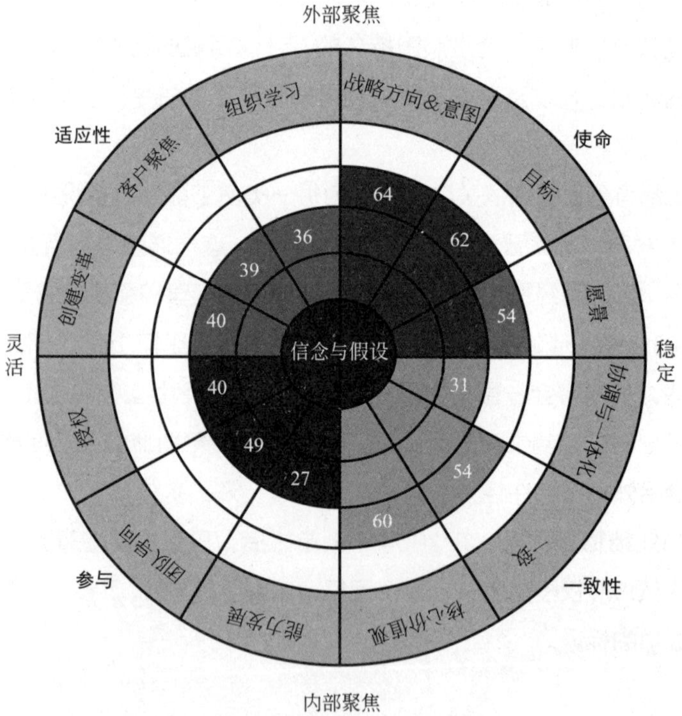

图2.1　2001年文化调研结果：达美乐比萨

他们设定目标，要将员工流动率降低一半，并要成为公认的美国最佳工作场所百强之一。他们也聚焦于一套清晰的商业目标，准备在华尔街上市，以便通过实现1万家店面和2亿美元的息税折旧摊销前利润（EBITDA）来为未来的IPO做好准备。2003年的调查结果（图2.2）表明了他们所取得的进步。达美乐在协作与整合、

[1] 参见附录部分调研结果概述。

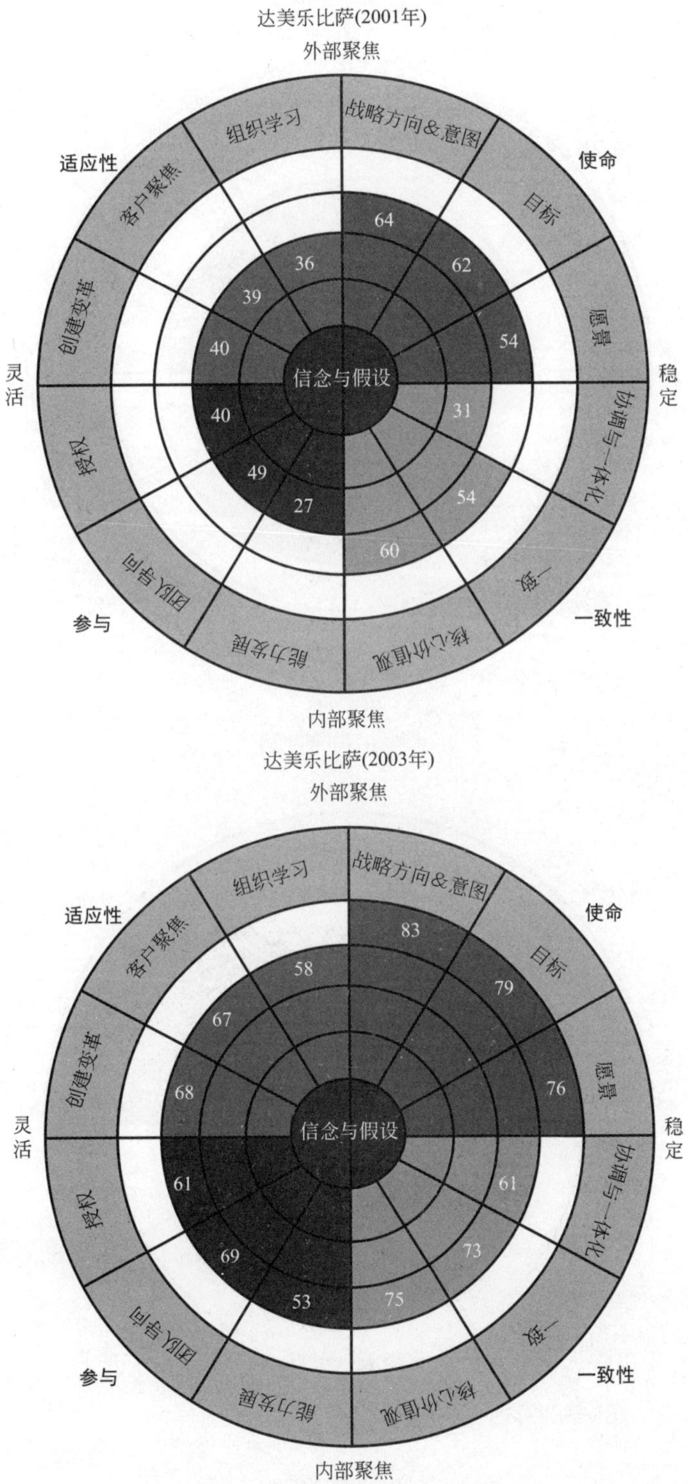

图2.2　2001年与2003年文化调研结果对比：达美乐比萨

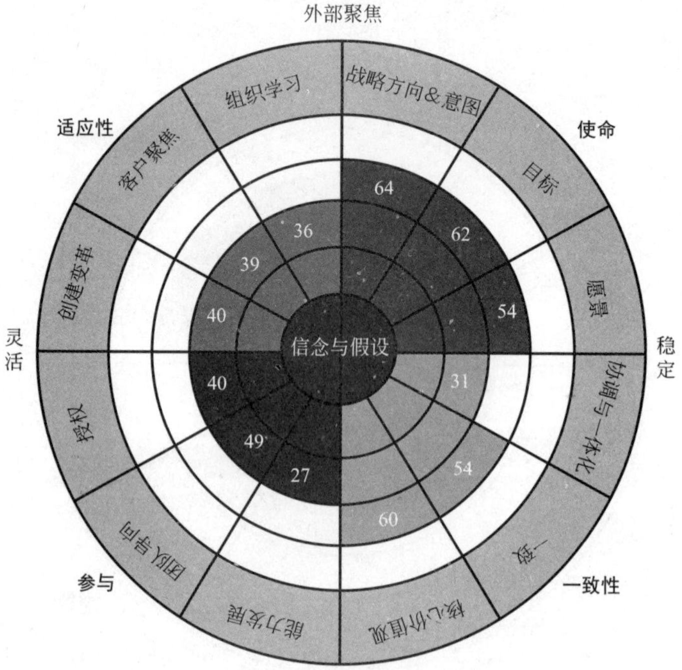

达美乐比萨(2001年)

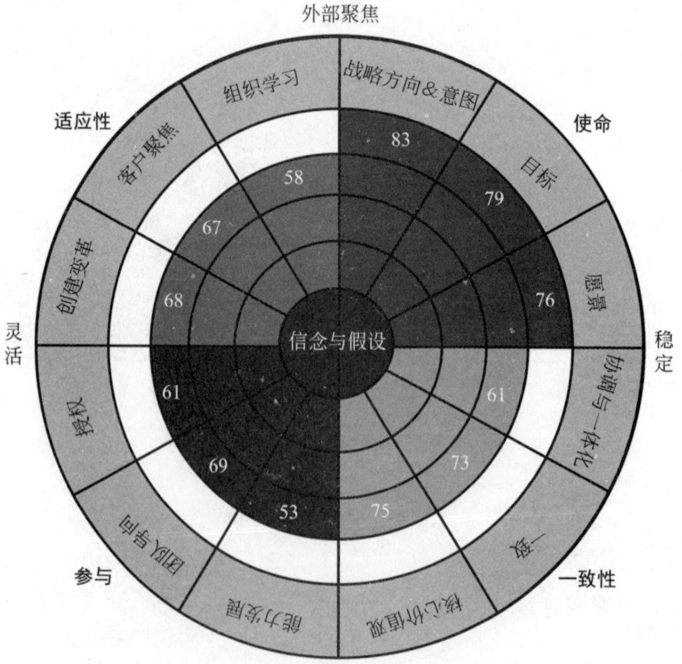

达美乐比萨(2003年)

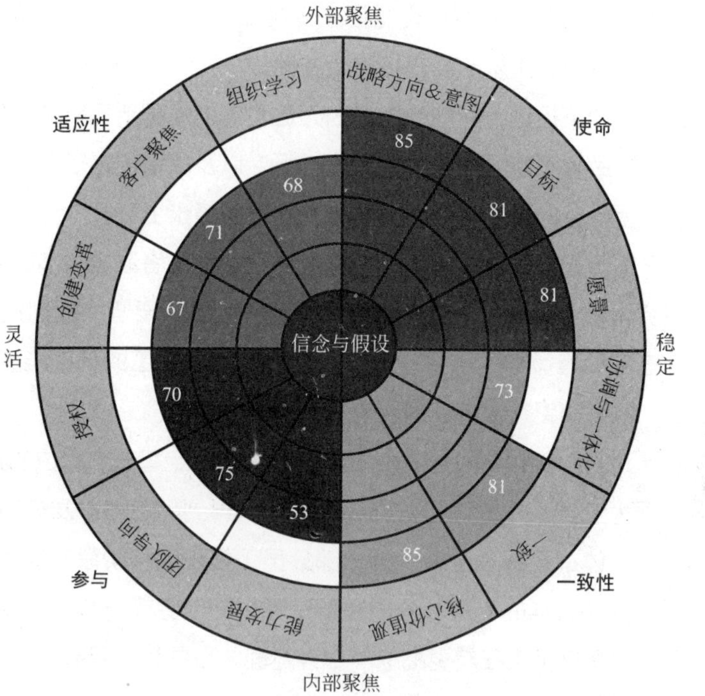

达美乐比萨(2004年)

图2.3　2001 ~ 2004年文化调研结果对比：达美乐比萨

客户导向、创建变革以及能力发展方面已经取得了巨大进步。他们目前至少在每一个方面都高出了平均水平，在目标任务的所有方面都具有了真正的力量。这些分数也显示了两年来，在阐明组织方向、清晰设定期望员工达到的志向水平方面，所做努力的明显效果。

但是他们没有止步于此。图2.3所呈现的2004年的调查结果表明，他们在公司深入推进转型时持续取得了进步。有关其进步和应对挑战的做法在公司内部被广泛共享。所有相关的经理们都历经了他们称为SMAC的目标设定过程。这包括讨论其业绩、把业绩与数字背后的真实商业问题相联系，然后创建一套适合SMAC标准的行动步骤：目标必须是具体的、可测量的、可实现的以及与公司总体方向相一致的。对行动的关注有助于他们取得持续的进步。

继2004年成功上市之后，达美乐实际上加速了其变革的速度。他们在员工政策方面进行了巨大的变革，清晰地显示出对于2006年调查结果的影响。这些变革旨在通过提升工作质量来持续改善其竞争地位。他们下决心不再出现二次雇佣和降职处理的现象。尽管考虑到其所拥有的影响力，这听起来像是一个简单的人力资源政策变化。在这项政策出台之前，例如许多递送司机会在一家店面工作一段时间，然后也许是在大学期末的时候就不再露面了；第二年，当他们想要继续工作时，他们就会出现在另外一家达美乐店面并被重新雇佣。

起先，店面经理抗拒这一新的政策，因为这对他们雇到新司机来说增加了困难。但是，一段时间以后，随着强制药物检测的推行，以及店铺对易于识别财务“缩水”和不诚信经理的新软件的使用，劳动力质量也出现了稳步上升。

达美乐也非常明确地关注于剔除他们称作的“不愿意者联盟”。对于那些不是真正“要打造世界上最好的比萨递送公司的了不起的人”，要坚决抵制这类员工的增加。公司认为态度和抱负至关重要。领导者们非常重视员工的积极能量和志向。公司会给予很多，但也期望有很多回报。

正如之前提到的，在此期间达美乐在员工分类和界定每一个职位的晋升“通道”方面都取得了很大进步。从递送司机到店面经理，再到副总裁以及未来的董事会成员，每一个目标群体都理解其通道。哪一部分员工处于何种阶段？谁为下一步做好了准备？他们需要什么样的支持？公司需要在哪里做得更深一步？支持与活力都表现良好，但是公司及其员工在向更高标准提升方面与以往相比受到了约束。

努力工作终有回报

所有在改善组织及员工素质方面的努力都在商业绩效方面得到了回报。达美乐在转型之初设定的大部分目标都得以实现，并且在那些没有实现的目标方面也取得了很大的进步。员工流动率大幅度降低；利润率、市场份额和股东回报都得到了提升；他们也向成为美国最佳工作场所百强之一的目标更加靠近。公司虽然仍面临许多挑战并遭受了一些挫折，但总体上，达美乐给我们提供了一个如何通过聚焦于支持一线人员的方法来进行转型的好例子。在5年多的过程中，达美乐在很多方式上改进了组织和文化，在基层一线方面创建了更多能力。他们在几乎所有的领域都取得了高分（见图2.4），并面临着维持其所建立的高绩效文化的下一组挑战。

正如之前所提及的，这一转型也在市场上创建了卓越的价值。达美乐成为贝恩投资公司最成功的投资项目之一，获得了523%的投资回报率。而这一投资项目居然是在比萨递送行业！贝恩的总经理马克·农尼利给予布兰登很多赞美，“你可以把他放在任何公司中，他懂得怎样抓住关键问题。我真希望能将他克隆”。[1]

---

[1] Denison and Lief, “Domino’s Pizza,” p.7.

达美乐比萨(2001年)

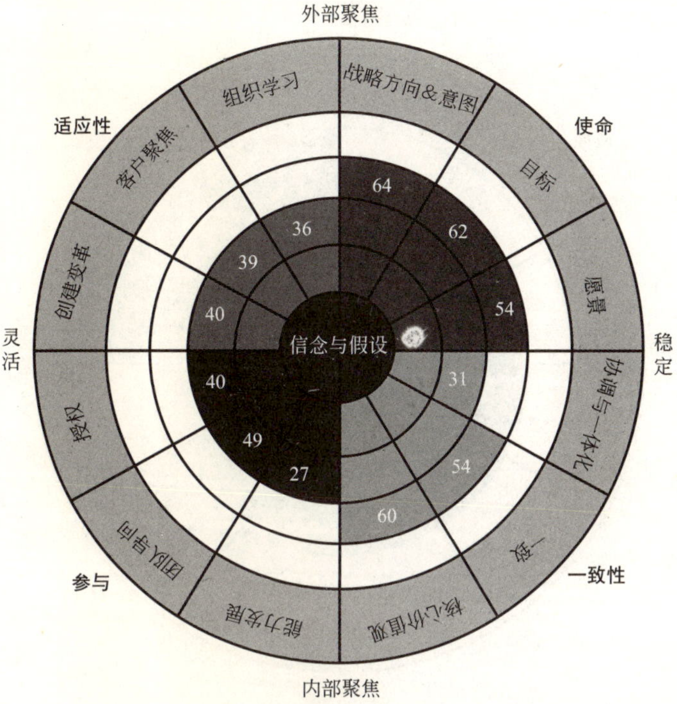

达美乐比萨(2003年)

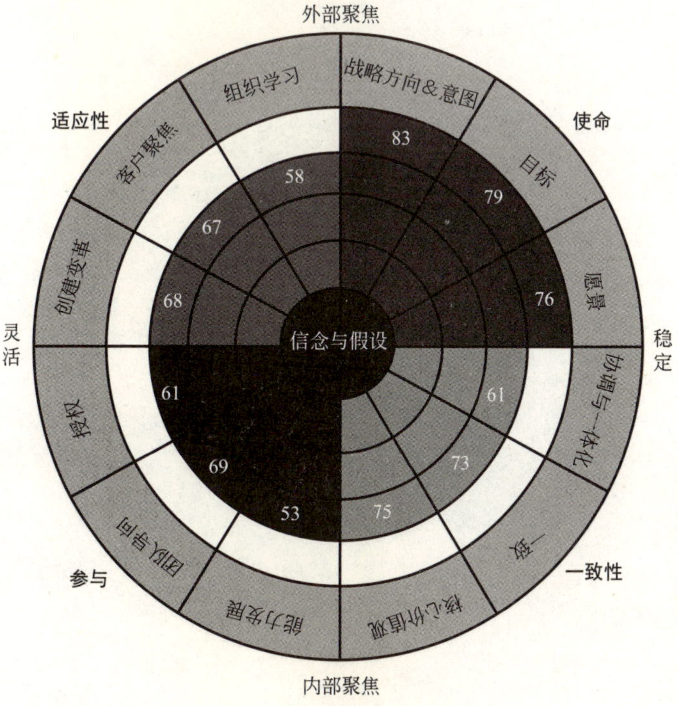

图2.4

达美乐比萨(2004年)

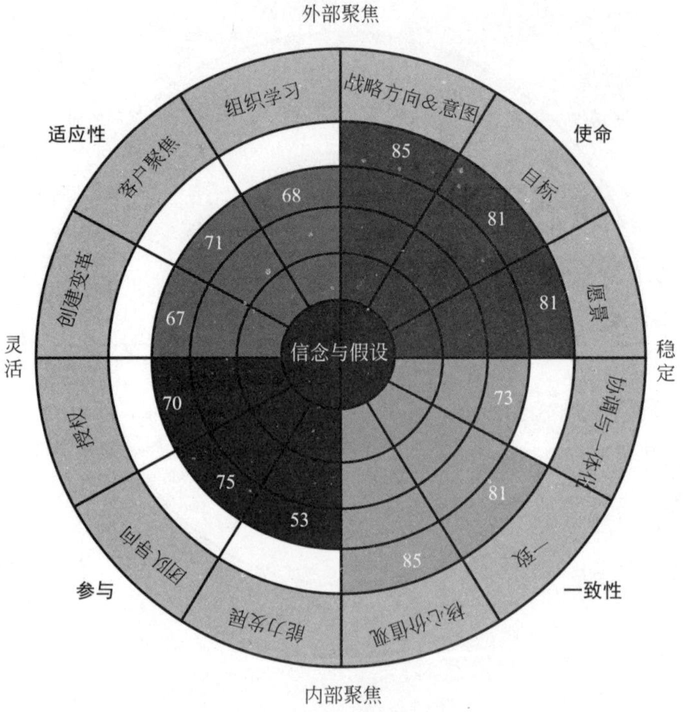

达美乐比萨(2006年)

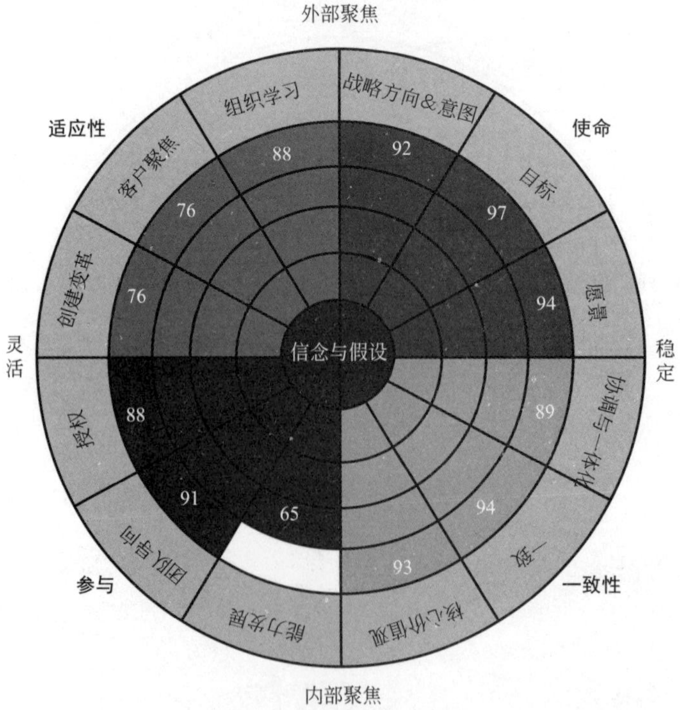

图2.4　2001 ~ 2006年文化调研结果对比：达美乐比萨

我们在达美乐的角色

在本章开始所描绘的转型之前的几年，我们就开始在达美乐公司的国际部利用文化调查开展咨询工作。我们通过询问高管团队业绩以及推动行动计划过程来提供帮助。我们在解释业绩结果和推进行动计划过程中，培训了许多达美乐员工。在转型的那些年，我们定期与达美乐方面会谈，来讨论他们正在取得的进步。但是，那个时候，达美乐已经非常熟悉我们的方法，并能够自己推动大部分的变革过程了。当我们看到他们取得进步的时候，我们也形成了国际管理发展学院（IMD）达美乐转型的教学案例。

领导者的经验教训

在变革组织文化以更好地支持一线员工方面，我们可以从达美乐的经历中吸取许多经验教训。像所有的转型努力一样，这是一种在思维方式和体系、结构、行为方面变革的有趣组合，把成功变革的魅力与方法结合在了一起。调查过程有助于确立一些基本的优势与挑战，并有助于领导达美乐界定一套新的价值观、行为与政策，以支持他们面对未来。让我们来看一看从他们的经历中可以得到些什么。

以个人接触来领导，但与组织保持一致

启动一场文化变革是一项很艰难的工作，但是要使其持续下去更加困难。达美乐在维持长久的变革过程方面引人瞩目。讨论“创建一个燃烧的平台”是一件了不起的事，但是理解如何让火持续燃烧而又不把房子烧坏是更加重要的事。

达美乐的转型大多起因于一位有着较高期望的新CEO，他积极、兼收并蓄、开放、个性化并且非常容易接近。突然之间，一切都似乎是可行的。这是一个令人激动的时刻。他们讲述了布兰登第一次去墨西哥城与墨西哥特许经营商碰面的事。当组织这场活动的职员询问布兰登有关这两小时会面的安排时，布兰登说他只想用20 ~ 30分钟的时间讲一些开场白，然后就进入到问答环节。然而，员工们却一言

不发地坐在那里。因为，达美乐之前从来没有过这样的特许经营商会议。通常的做法是，会议会严格按照清晰的安排进行，几乎没有时间进行问答。在经过许多讨论和紧张地协商之后，公司决定按照布兰登的方式来做。那次会议成了他们与墨西哥特许经营商之间最有成效的一次会议——信息沟通得非常清楚，表现出新的能量与灵活性，公司热诚地听取这些做出销售总额90%业绩的特许经营商们的意见并向他们学习，还专注地以其所能的最佳方式来支持他们。

但是不像许多拥有魅力型领导的组织那样，达美乐在创建维持其精力和动力的组织结构方面非常具有洞察力。创建一个拥有例证新价值观结构的持久系统，是每一个可持续的文化转型的关键。对于以个人品行赢取成功的变革型的和魅力型的领导来说，书写他们如何在转型中利用个人特征和价值观来创建组织的著作却少得可怜。思维模式与体系往往是一枚硬币的两面。改善员工素质与聆听市场和一线员工意见的承诺是一种重要的价值观，但是，除非领导者创建必要的体系将那些价值观拓展到组织中的每一个人——不浪费精力和注意力，否则转型并不会产生多少影响力。

我们都处于服务行业中

达美乐的转型开始于以新视角将公司看作是递送产品的服务行业，而不是有着许多递送员工的产品行业。这一区别很简单，意义却很深远：大多数时候，送到您家中的比萨质量的差异都不如送比萨小哥素质上的差异大。整个公司首要的注意力都必须集中于要客户体验其递送服务的员工身上。

服务业根本的不同在于其产品从来不能脱离客户体验而被创造出来。因此，这意味着一线体验就是产品，就是战略，就是公司。对于这个真是没办法。我们的组织在客户体验方面的创新速度是永无止境的。夺冠之路永不止步。但这也需要协调一致！客户体验的“一线”可能是销售人员、服务人员、空乘人员、司机、网站、自动柜员机或者是技术支持人员。实际上，一线是公司接触客户的所有方式的一种组合。如果客户体验不能提升，猜一猜谁将为此买单?

在20世纪的大多数时间里，产品权力都是至高无上的。如果你有能力生产最好的产品，市场自然会跟随而至。想出一个更好的点子，世界就会为你开辟一条道路。但那样的日子早已不复存在。当今的权力存在于价值链的另外一端——那些更加接近于市场和客户的部分。这意味着，产品知识与市场知识之间的价值平衡正在发生变化。公司思维方式与公司文化中的市场知识的重要性也是如此。这种变化正在快速发生。

达美乐转型的数年时间里，总裁（现在的CEO）帕特里克·道尔一直计划到达美乐的店面巡视。他知道出现在一线员工面前以让他的支持清晰明朗是很重要的。但是他应该从哪里开始呢？这有许多种选择。他的决定是直接走进单个的店铺并表达这样的信息，“我们感谢您所做的一切！”他的感激之旅引起了争议。总裁不是应该策划重要的战略或者描绘本季度的目标吗？要么讨论下股票价格？要么关注下竞争？要么留意像是小麦成本上升这些真正重要的事情？

都不是。反而，在这些会议上，帕特里克每次都要说上几句他所会见的那些人对达美乐有多么重要，他本人以及公司是多么感谢他们。接着他们会吃着比萨继续讨论。总裁的体重可能增加了几磅，但是他也赢得了许多一线人员的支持。

你所保持的与你所改变的一样重要

无论你从哪方面考虑，汤姆·莫纳根在运营比萨店上都是一个天才。从1985年世界最快速制作比萨竞赛的获胜者杰夫·戈达德发明的“spoodle”[1]，到保持比萨热气腾腾的“热浪”外送包，再到现在被其他许多公司所运用的有吸引力的三维车顶标志，达美乐以其永不休止的发明而自豪，这些发明有助于完善运营比萨店的艺术。新员工的培训标准要求他们能够在1分钟之内制作一个优质比萨（最快的比萨制作者1分钟内可以制作3个比萨！）。事实上，在达美乐转型期间，投资者关系团队一直在考虑让其简单业务与一线员工重新结合的方式。他们的解决方案是什么呢？作为当年的发展目标之一，他们决定所有的投资者关系团队成员都应当能在1分钟之内制作1个符合达美乐质量要求的比萨。这让一些人花费了一段时间来练习，但他们做到了。

莫纳根也创建了清晰的需要致力于比萨生意的组织结构。每一份特许经营商合同都包括达美乐知名的“OBI”条款。特许经营商不能有任何其他“业务之外的利益”(outside business interest)。签订特许经营合同迫使特许经营者承诺只专注于达美乐比萨的特许权。公司允许在这一点上有所变通，尤其是当进入新的国家开发主要的特许经营关系时。但是总体上，他们所创建的新的业务结构明显聚焦于他

---

[1] spoodle是勺子与长柄勺独特的组合，它的一端有一个测量杯，可以确保你为比萨取到精确量的调味料，另一端的平面可以将调味料摊开。

们的业务领域。基本准则很简单：有一家店面的特许经营商拥有一份全职的工作，并获得不错的收入。有两家店面的特许经营商拥有两份全职的工作，并获得相当可观的收入。而有着三家店面的特许经营商拥有三位店面经理、一份全职工作以及可观的收入。

变革是好的，但是成功的文化变革不是为了变化而变化。形成清晰的政策观念以及需要得到保持并强化的实践做法是每一个成功转型的重要组成部分。达美乐非常明确地证实了这一点：成功运营一家比萨店的许多要素一直保持不变。但是公司总部和公司拥有店面的角色已经发生了巨大的变化——它们已经从因循守旧者的栖息地转变为创新过程的要塞。公司所看重的其角色方面最重要的变化就是，持续地工作以创建能极大地提升一线员工素质和参与度的体系。

支持一线员工的战略：超越达美乐

克里斯·巴特利特和休曼特拉·戈歇尔把对一线员工的支持作为清晰的战略选择。他们认为许多公司仍然以这样的逻辑运营，即试图使公司摆脱人为错误。[1]他们认为，公司与其试图把人为因素排除在外而让组织像机器一样运转，不如形成一种可以驾驭员工能力的权力，这样境况就会好很多。

参与、投入、赋权、承诺这些主题已经伴随我们很久了。从古典学者例如道格拉斯·麦格雷格[2]、伦西斯·利克特[3]、埃德·劳勒[4]，到最近的约翰·科特[5]和吉姆·柯林斯[6]，许多管理大师都认为，个体和组织之间的联系对于组织的成功来说至为重要。

许多组织都首要关注员工的心理状态。毕竟，这是一个希望达到的结果——具有奉献精神的员工，忠诚、满足并富有成效。但只是关注于这些希望的结果就会错失最为重要的一点：组织的何种环境是这些结果的成因？

你可以识别出受这种方法影响颇深的组织。他们往往知道要为员工获取什么，

---

❶ Bartlett, Christopher, and Ghoshal, Sumantra. “Building Competitive Advantage Through People.” Sloan Management Review, January 2002: 34–41.

❷ McGregor, Douglas. The Human Side of Enterprise. New York: McGraw–Hill, 1960.

❸ Likert, Rensis. New Patterns of Management. New York: McGraw–Hill, 1961.

❹ Lawler, Edward E., III. High–Involvement Management. San Francisco: Jossey–Bass, 1986.

❺ Kotter, Leading Change (see ch.1, n.31).

❻ Collins, Good to Great (see ch.1, n.28).

但又难以将之实现。经理们在“保持员工幸福”方面谈论了很多，但是员工却抱怨其领导没有“言行合一”，并对“改善提升”的说辞冷嘲热讽。我们遇到的一位经理总是感到自己像是要试图赢取“年度奉献经理”的竞赛。他清楚公司在这种让员工幸福的竞赛中付出了什么，这种付出不是真正要试图改善组织，因为公司并没有真正改变太多。

有效的组织反而必须关注他们为一线服务人员所创设的环境。为了达到在一线奋斗的员工所期待的效果，组织及其领导需要在支持一线人员的要素方面成为专家。在支持一线员工方面做得好的组织，懂得心理状态的重要性，但是他们把大部分注意力放在由其管理实践所形成的工作条件上。他们不断工作以改善其文化。

支持是战略性的：米老鼠与清洁工

支持对公司客户及其业务具有重大影响的一线岗位，可能是战略实施过程中最为重要的部分。在这一思维类型中永立潮头的公司是沃特·迪斯尼。人力资源大师约翰·布德罗通过分析迪士尼乐园米老鼠表演者以及清洁工技能水平的相对重要性向我们表明，为了支持一线人员而制定精心构思的战略有多么重要。[1]

对于任何一个到迪士尼乐园游玩的人来说，米老鼠（米基，人们对米老鼠的昵称）都是游玩体验中非常重要的一部分。每年米基都会给数百万参观者致以温暖而友好的问候，这是令人难忘的经历，而此时也是全家拍照的好机会。但是这种新奇并不会持续太久，因为米基即兴表演的空间很小，所以，尽管米基对于整个乐园的体验来说至关重要，但是其最好的表现和最差的表现之间并没有太大的差别。

然而，乐园清洁工却扮演着更为重要的角色。正如布德罗注意到的，清洁工在客户关系中发挥着非常重要的作用。“人们很少会询问灰姑娘在哪里可以买到一次性相机，但每天有几百人会问清洁工这样的问题！”[2]清洁工必须理解其作用的战略重要性，但只有在公司形成一种体系以承认这些清洁工都是碰巧拿起扫帚的一线客服专家时，这个目标才会实现。筛选、培训、发展、奖励并给予机会都旨在创建支持其角色的环境。布德罗将这些总结在一条曲线中（见图2.5），向我们表明为什么提

[1] Boudreau, John W., and Ramstad, Peter M. Beyond HR: The New Science of Human Capital. Boston: Harvard Business School Publishing, 2007; Likert, Rensis. New Patterns of Management. New York: McGraw-Hill, 1961.

[2] 同脚注[1]，第54页。

升清洁工的绩效要比提升米老鼠的绩效更有价值。正是迪士尼乐园为清洁工所创建的环境，让他们高度参与并取得了很好的效果。

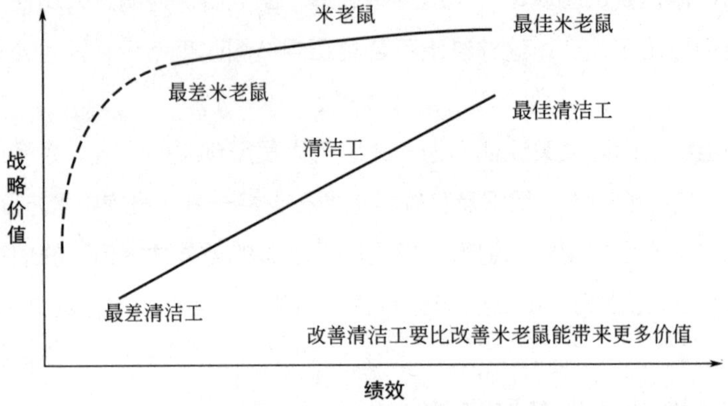

图2.5　米老鼠与清洁工比较图

资料来源：布德罗和拉姆斯特德。

汤姆·达文波特提供了另外的案例。[1]哈乐斯娱乐公司在开发一个模型时对其组织进行了研究，通过模型了解每天在前台和其他服务环节工作的员工的适宜数量。就是这样！他们有了一个动态的计划，允许其员工对变化着的客户期望做出回应。如果公司前台的人手一直都不够，员工该会多么开心和忙碌？全球食品服务巨头西斯科公司发现，对于客户服务最为积极的影响来自于他们有经验的递送同事——那些每天为其每家餐厅客户递送必需品的员工。对于这群重要的一线员工增加的付出，使得公司在6年多的时间里将员工保留率从65%提升到85%，在提高客户满意度和降低培训与招聘成本方面带来了丰厚收益。

了解更多，关注更多，奉献更多

既然许多知名公司都懂得如何支持一线员工，那么就很难理解为什么有些公司还会在这方面犯错误。实际上，这是因为说起来要比做起来容易多了。以员工为基础的竞争优势要花费好多年才能建立起来，而要仿效这种优势也需要数年时间，因此这让那些懂得如何说到做到的公司占得先机。

在理解支持一线员工的重要性方面，爱德华·劳勒尔三世是早期的倡导者之一。

[1] Davenport, Thomas H. “Competing on Analytics.” Harvard Business Review, January 2006: 2–11.

劳勒尔多年前就认为，未来的工作场合将会要求员工“了解更多，关注更多，奉献更多”。[1]他认为，一线员工总是需要在掌握新技能时，了解和学习更多工作方面的知识。他们也需要更多地关注工作，并投入更为高涨的热情，还要有更大的动力从客户的视角理解世界。最后，员工也要有更多的奉献。市场对优质服务的需求持续增长，奉献最多的组织才会兴旺发展。

尽管劳勒尔的观点意在员工，但令人吃惊的是，这些观点运用在经理和公司领导者身上效果也非常好。他们需要从支持一线员工的组织的经验教训中进行学习，所面临的挑战或许更大：他们必须创建一个允许一线员工了解更多、关注更多、奉献更多的环境。

乔恩·卡曾巴赫和詹森·桑塔玛丽亚提出了领导者如何支持一线员工的5个指导方针，我们以此来结束本章的内容。[2]

- 在开始灌输核心价值观时倾力投入。你永远不会有第二次机会来建立第一印象。带领公司以核心价值观的匹配为基础来选择员工，期望每一位新雇员都会在未来战略实施方面扮演重要角色。新员工培训最重要的部分不仅仅是他们学习的技能，同样重要的还包括理解公司核心价值的重要性。

- 让每一个人都做好领导的准备，尤其是一线监管者。如果公司认为员工领导能力只是高管的职责，那它就会遇到麻烦。卓越的公司明白，领导力会展现在各个层面。为了支持一线，公司有必要在一线员工监管者层面上进行管理人才的投入。否则，一旦指挥链条断裂，一线员工与组织的其他部分失去联系，那么就很难将他们再重新拼接在一起。

- 区分团队与单一领导小组。支持一线员工意味着建立清晰的职责与决策权力。模糊的职责永远不应该与“授权”混淆在一起。对于构建集体责任感来说，建立具有集体责任感的团队并且将其与领导工作小组的个体领导者与监督者区分开来，是有必要的。

- 关注后进的半部分。谁最为受到关注？谁会产生最大的影响？每一个组织都可以通过将后进的半部分培养成中等水平而得以改善。你知道他们是谁，他们在哪里，他们如何影响业务。你也知道如何提升其业绩。这不是火箭研究，这要困难得多！因为它要求的不是才华横溢的概念性解决方案，而是一致性的支持与日复一

---

[1] Lawler, Edward E., III. High-Involvement Management. San Francisco: Jossey-Bass, 1991.

[2] Katzenbach, Jon R., and Santamaria, Jason A. “Firing Up the Front Line.” Harvard Business Review, May-June 1999: 1-12.

日的承诺。

● 运用纪律构建自豪感。如果你不坚持某些东西，你就会为任何事情而折腰。一系列强烈的预期会构建一支强大的团队。具有每个人都必须达到的清晰标准，意味着这是一个值得归属的团队或组织。没有纪律，就很难在归属方面建立起强烈的自豪感。

中层管理者的角色是把高层的愿景与市场现实联系在一起。想知道你要做些什么吗？去问一问你的一线员工。那会让真相大白。

3　创建战略一致性

伟大的战略缔造伟大的组织，但前提是战略得以实施！伟大的战略可以将所有人的注意力聚焦于集体目标、战术要求以及实施过程中每一个人的角色。伟大的战略将伟大的组织与其竞争对手区分开来，并强调它们所创造的独特价值。最终，伟大的战略建立在难以被模仿的组织及其员工的互补能力之上。[1]

但是这些伟大的战略来自于哪里呢？聆听史蒂夫·乔布斯控制苹果新产品每一个细节的传奇故事，很容易断言伟大的战略来自于伟大的领导。但是，宣称全球性发行不应当与实现全球性发行混为一谈。苹果公司掌握了这两个方面的能力。每一款新产品的发布日期都设定在全球发行的时候。产品被生产并在发行日当天早上被运送至店面。员工在产品销售前进行简短介绍，人群聚拢在一起观看、触摸并买走他们的新产品。传奇就延续下来。

在玛氏公司，高管们仍在讲述着几年之前召开管理会议的故事。这次会议为期两天，会议的第一天是在布拉格，第二天是在布达佩斯。第一天午饭之后，玛氏兄弟中断了日程安排，让参会人员坐上汽车，因为他们要前往布达佩斯。当他们沿途在每一家商店检查产品的摆放，以及商店给予士力架、火星巧克力棒和巧克力豆的货架空间时，怀疑非议让步于瞠目惊奇。可见，把宏观战略与实际行动联系起来受到诸多限制。

拉姆·查兰讲述了2008年10月杜邦公司对金融危机做出反应的故事。[2]公司CEO查德·贺利得在与一位日本客户谈话时受到启发，迅速与其高管团队构想出一项保存现金的战略，以便于他们在资本与信用会一夜间消失的环境下得以生存。这个故事让人印象最深的部分是，公司只花了10天时间就让每位员工都与经理面谈，确认了他们能够保存现金并降低成本的3件事情。杜邦公司仅用了6周时间就创建了实施其保存现金计划所要求的战略一致性。

文化会把战略当作午餐吃掉

成功的商业战略总是会动员员工追求组织的目标。组织必须在公司定位与其市场产品之间、公司体系与协调所需资源的必要结构之间、实现承诺的个体思维模式之间建立起紧密联系。如果不看重员工的配合，战略就只是一个计划。当新战略与

---

[1] Porter, Michael. "What Is Strategy?" Harvard Business Review, November-December 1996: 61-78.
[2] Charan, Ram. Leadership in the Era of Economic Uncertainty (see ch. 1, n. 32)。

旧有文化产生冲突时会发生什么呢？“文化会把战略当作午餐吃掉！”

这句格言被引用的频率实在太高，以至于很难考证是谁第一个说起的。但是，它却一直提醒着我们，实施一项商务战略与构想一项商务战略极为不同。[1]构想战略主要发生于组织的高层，但是实施战略只会在跨层次、跨地域、跨职能、跨产品线和跨供应链的合作实现时才会起作用。毕竟，文化管理涉及的是外部适应性与内部一体化之间的平衡。

实施新战略要花费时间

推出新战略需要很多时间与努力。我们看一看德意志技术公司的例子，这是一家德国领先的技术公司。[2]德意志技术公司拥有若干全球业务单位，为消费者和行业应用者两方面提供服务。总体上，这些业务每年带来200亿美元的营收，公司在125个国家雇佣了5万多名员工。

文化对于德意志技术公司来说很重要，公司在19世纪中期创立时就深植于家族企业。我们与他们一起工作时，他们就把保持家族企业的传统描述为其核心价值观之一。尽管公司已经上市多年，但家族在公司中仍有很强大的影响。他们明白公司与其客户之间密切联系的力量，并且了解长期承诺的重要性。

我们的例子来自于德意志技术公司的黏合剂子公司。该公司在生产黏合剂、密封剂和表面处理材料等方面都是全球市场的领导者。他们的产品有助于制造汽车、电器用具和其他更降噪、安全、结实、舒适和耐用的制成品。直到2003年，他们的工业黏合剂和表面处理技术一直由两家独立的业务单位运营。这两家公司有着独立的销售目标、销售力量、管理层级和品牌。它们运用的技术不同，产品也在不同的工厂中生产出来。

但是这两家公司的客户往往是一样的！两三个销售员甚至会同时拜访同一家客户，这分散了客户的注意力，把德意志技术公司定位成像是两家小的供应商而不是一家大的公司。此外，由于他们是两家分离的公司，就很难认识到德意志技术公司的金属表面处理技术与所用黏合剂之间的互补性。因此，德意志技术公司下决心把这两家公司合并为一家。

---

[1] Kaplan, Robert S., and Norton, David P. “Mastering the Management System.” Harvard Business Review, January 2008: 63-77.

[2] 应公司请求，我们对这家公司采用了化名。

在该战略实施的时候我们对德意志技术公司的文化进行了几年时间的追踪。了解其文化在这一时期的演化，有助于我们很好地洞察这两家企业在一体化过程中的动态变化。我们运用组织文化调查方法，调研了德意志技术公司在全球各个层级的管理。这里呈现的结果描述了在一家超过4000名员工的公司中，从L1到L4的管理的4个层级观。

图3.1呈现的结果仅仅集中于12项指标中的1个，即愿景指标。该结果说明了在黏合剂公司与表面处理技术公司合并后的新企业中，管理的4个层级对于企业愿景的感知。组成愿景指标的有如下5个项目：

1. 我们有组织未来的共同愿景。

2. 领导者具有长期视角。

3. 短期思维往往妥协于长期愿景（R）。❶

4. 我们的愿景为员工创造了激情和动力。

5. 我们能够在不违背长期愿景的情况下满足目标的需求。

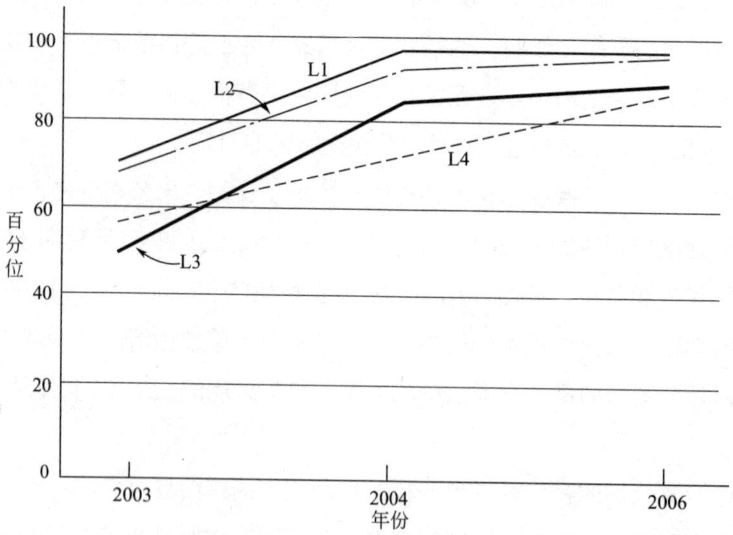

图3.1 愿景指标

愿景指标是这5个项目的平均值，这些项目以里克特的五点量表打分，在从非常不赞同到非常赞同的范围内做出判断。图3.1的数据以百分位来表示，反映了我们基准数据库中的公司低于目标样本公司分数的百分比。

❶ 尽管陈述3是反向题目，但其反应分数也是反向的（R），所以对所有5方面陈述来说，更高的百分位分数表明情况更好。

这些结果有助于揭示黏合剂公司的领导团队是如何处理战略实施过程的。当管理委员会看到2003年的结果时，他们意识到仍有许多工作需要做。整合两家公司的计划已经在整个公司中宣布了，并且结构变革也已经在各业务子公司的高层中进行了。但是从该结果可以明显看到，业务子公司的总体愿景对于组织的其他部分来说仍然不是很清晰。子公司仍然是生产驱动的，产品仍然由不同的工厂来生产。两家分离的产品公司旧有的思维模式需要花费更多时间来改变。很少有销售人员可以令人信服地售卖整个系列的产品，他们需要在不同方面进行更多的合作，从而为客户完成实际交付。

正如图3.1所显示的，2003年的愿景分数在所有管理层面都低于70百分位。但是，高层级的L1和L2分数要高一些，而较低的两个层级分数要低一些。有意思的是，管理第3层级的分数要比第4层级一线监督者的分数更低一些。我们发现在战略变革期间这是一种普遍情况，因为组织在努力实现一致性。混乱出现在中层。中层管理者必须将高层愿景与市场现实进行连接。但是在一线，事情并没有太多变化，有些人仍然持“观望态度”，怀疑变革是否真的会发生。市场的日常表现要比新战略有持续更强的影响，并且对于一线员工的思维模式具有主要影响。

图3.2表明了在同一时期各管理层级对于特定项目“具有一个长期目标与方向”的反应。该项目是战略方向与意向指标的一部分，这也是使命特征的一部分。这些结果展现了一个更加引人瞩目的模式。2003年，所有的管理层级都处于平均水平

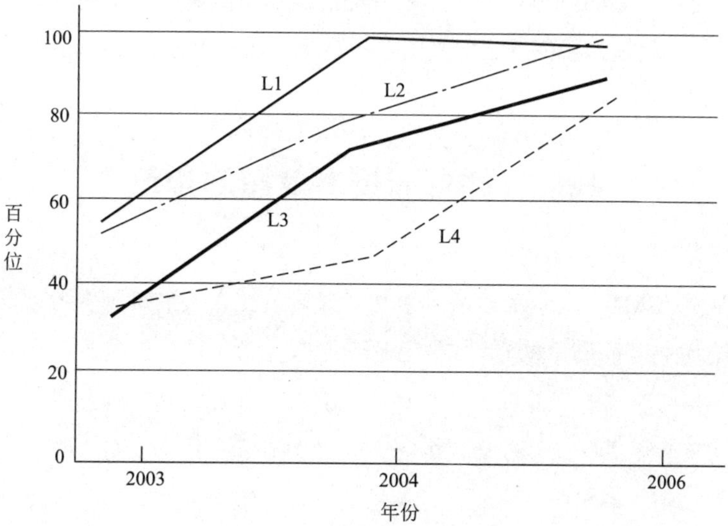

图3.2 具有长期目标与方向

或者更低水平，其中，L1和L2的得分在50个百分位附近，而两个低层级的得分要再低20个百分位。在一个组织的各层面之间看到5 ～ 10个百分位的差距是正常的，但是30、40甚至50个百分位的差距通常就强烈地暗示着，在实现一致性目标方面还有很多工作要做。查看各层面的这些调查结果，有助于德意志技术公司集中于一致性活动，但也促使他们看到公司在哪些方面需要最多的帮助和关注，为完成一体化进程他们需要在哪里付出努力。

黏合剂子公司的领导团队通过将更多的精力集中于组织而对这一情况做出反应。他们对销售人员进行了更多的岗位轮换培训，以确保所有人都可以销售整个产品线上的产品。技术部门更加自由地合作，以向顾客提供更好的技术服务与支持。这些变革在第2年表现出显著的效果，它们在总体愿景和长期目标与方向方面显示出重大的改善。尤其是第三层级的管理者，由于他们在2003年和2004年之间开始与子公司领导团队形成一致性，所以在愿景方面有了很大提升。但是该一致性在长期目标与方向项目上的差距变得更大了。在高层，管理者清晰地理解了目标，但是一线领导者没有注意到有太多不同。

把战略变革深植于组织中仍然要花费更多时间。直到2006年我们才清晰地看到，组织的所有层面都赞同战略变革并形成了一致性。达到这个阶段运用了一整套不同的方法，涉及两个重要的维度：可见性与对话。为了建立一致性，领导团队着手构建其全球分布。他们对新组织进行阐释，与地方团队一起拜访客户，最为重要的是，他们花费大量时间进行对话，直到确信组织中的每个人都明白战略变革对其职责的意义。这就是为了在战略和文化之间最终实现一致性而付出的代价。

我们在德意志技术公司的角色

我们进行了德意志技术公司的首次文化分析，并将其作为2000年国际管理发展学院（IMD）行政管理项目中构建高绩效企业组织研讨会的一部分。自此，该项目急剧扩张并在4 ～ 5年的时间内覆盖了公司世界范围内所有的管理层级。我们每年都会向管理委员会和分支机构汇报文化调研的结果。在如何解释调研结果和促进行动计划会议方面，我们在德意志技术公司培训了内部组织发展社团。我们中有些人在该公司世界范围内特定的分支机构和地方开展了更为宽泛的咨询工作。

成功的文化变革影响组织中的每一个人

在战略实施中文化扮演重要角色的第2个例子来自于金融服务部门。瑞士再保险公司是全球第二大再保险公司，总部设在瑞士的苏黎世。该公司创建于1863年，对原保险人所承担的火灾和洪水的风险进行再保险。瑞士再保险公司在19世纪末进入美国市场，并且很快就把大部分资本用于对1906年旧金山地震相关的赔付中。今天，他们在3个业务领域——财产保险、生命健康、金融服务——中为原保险人进行再保险。瑞士再保险公司分布在26个国家的1万名员工创造了大约300亿美元的营业收入。

几乎整个20世纪90年代，瑞士再保险公司都是以低价格和时刻都能获取的资本在“疲软的”市场中进行竞争。保险人必须追求营收增长战略，即便在利润方面是落后的。强大的股票市场意味着，即使最初的投资并不是非常盈利，保费收入的再投资也可以产生高额的总体回报。但是到了2000年，经济周期已经让市场步入“艰难”的境地，资本有限、价格上升、股票市场不景气。

美洲分部遇到了麻烦。瑞士人安德里亚斯 · 比尔利从苏黎世过来接替了当地的管理者成为新的分部CEO。他面临着一个挑战性的境况：该行业正在亏损，但是当前管理团队将全局性愿景与分权经营方式相结合，使得公司很难对危机做出反应。当前的领导者是聪明、有魅力和招人喜爱的，但是他们并没有在建立清晰的方向以及在把事情做好等方面博得名声。❶

变革很快就发生了。安德里亚斯重建了管理团队，新的团队成员相对年轻并很有经验，而且在获取成功方面享有盛名。几乎所有成员都来自于瑞士再保险公司内部，但只有少部分成员与安德里亚斯具有先前的工作关系。大多数情况下，安德里亚斯作为CEO任职的最初几个月，就会利用共同紧密工作的几天时间形成决策的基础。一位观测者评论说：“在短时间内，安德里亚斯就做出应该信任谁的决定。他是一位出色的性格评判者，并能很快决策”。12 ~ 18个月之后，他便拥有了一个全新的领导团队。

第一次变革可能是最重要的一次：安德里亚斯在他的办公室隔壁安置了一台最好的浓缩咖啡机，鼓励所有的人都来聊聊天。他把管理委员会成员的办公室挪至在一起，以方便全天讨论，并且创建了非正式的团队氛围。慢慢地，公司就形成了对

---

❶ Denison, Daniel R. “Swiss Re Americas Division.” Lausanne, Switzerland: IMD Business School, IMD 4-0281, 2004.

于问题与机会的共同理解。

最为巨大的转变发生在美国直接贸易分公司中，该公司的负责人是法裔加拿大人帕特里克 · 梅劳克斯。美国直接贸易公司不通过经纪人，把再保险产品直接卖给原保险人。在一个持续3天的会议中，新管理团队设计了新的战略、体系和行为方式，要求将其注意力从营收增长转至盈亏底线。然而，正是他们对于"运营模式"的变革产生了最为深远的影响。在有关再保险合同方面做出决策，通常要求结合3种不同的视角：客户代表、保险精算师、保险公司。客户代表与客户的相互作用最为紧密，并理解其需求，通常会发起交易提议。保险精算师评估风险并设定价格，而保险公司书写合同。在将营收增长作为战略的那些年中，客户代表显然处于领先地位。年轻的保险精算师以及保险公司学会了对客户代表"永不说不"，客户代表总是被激励着达成交易。

新的运营模式在团队中创建了权力的均衡，以至于这三方中的任何一方都可以说"不"。平等的权力有助于确保新业务可以对盈亏线绩效和营收增长都做出贡献。他们在选择实施新工作方式的时间方面很有胆识——即在每年的更新周期实施。每年秋天，再保险合同都要为第2年进行更新。这一时期公司总是很繁忙的，并在很大程度上决定了公司下一年的成功。但是今年，他们也学会了如何做生意的新模式。所以在更新期间的每个周末，他们也回来聚在总部跟踪其进展，并确保他们新的优先等级适合实现盈亏底线战略。

美国直接贸易公司的CEO帕特里克 · 梅劳克斯仔细考虑了对于分公司成功转型最为重要的因素：

我们有选择团队的自由。我们挑选非常优秀的员工，识别其能力，让他们行动起来，并让奶油漂到上面来。我们必须把盈亏底线的业绩信息告诉那些已经不再关注的人。我们必须说服他们，我们在意这个，如果你不关注那么你就无法生存。

我喜欢来这里工作，因为我是与最优秀的人一起工作。安德里亚斯告诉我们必须往哪里去，而不是如何到达那里。如果你承诺了并且完成了，那么你就拥有了自主权。

我们现在要随意得多，但也直接得多。我们有欢笑、灵感和沮丧。我们认为简单即性感。我们在2～3个月的时间内创建了一个完全不同的管理委员会。我的会议桌上有管理委员会每位成员的铭牌。这是对团队成员的一种识别，也提醒着我们每一个人都必须赢得出席下次会议的权利。我不想要他们坐在那里只是把氧气转化为二氧化碳。

我们在这段时间里跟踪瑞士再保险公司的文化。文化得分方面的变化是巨大的，尤其是在美国直接贸易领域。图3.3展示了总体文化概况方面的变化，这也是我们

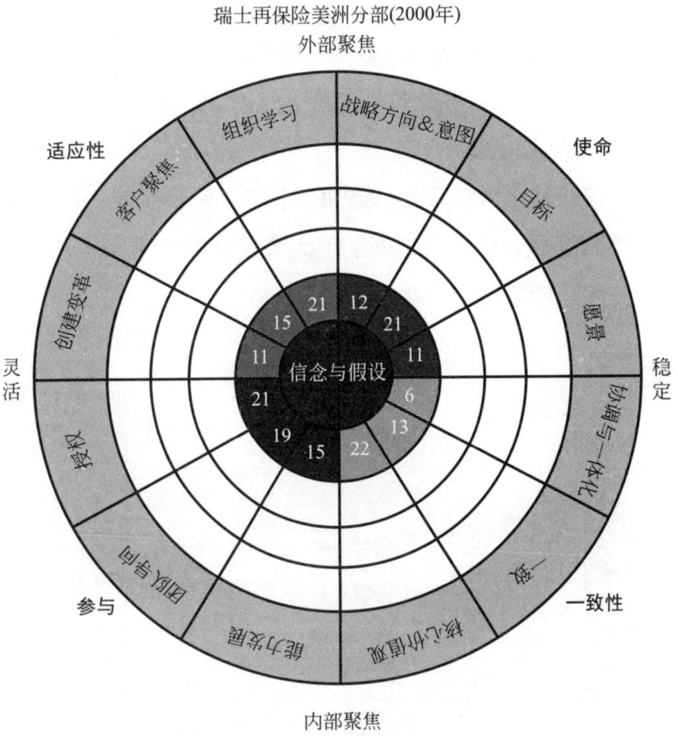

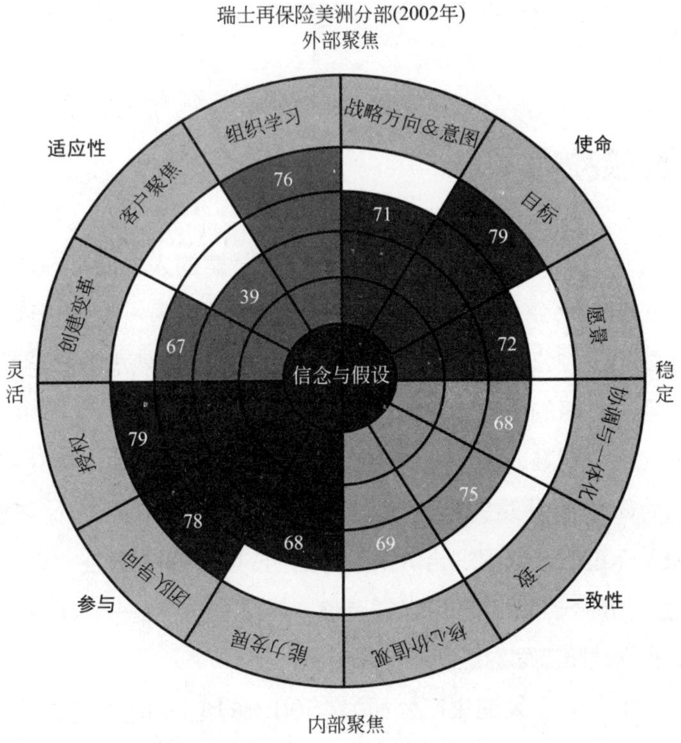

图3.3　2000年与2002年文化调研结果对比：瑞士再保险美洲分部，美国直接贸易公司

所看到过的最为巨大的转变之一。2000年，所有的得分都在第一个圈层中，我们看到的是没有完成任务的组织。起先情况是缓慢变化的，但是到了2002年，他们就创建了改变行业的高绩效文化。

行业绩效也在这一时期发生了巨大改变。图3.4呈现了这一时期分公司的业绩，显示了在两年多的时间里公司在几方面的巨大收获。保费收入的上升超过50%，利润也增长强劲，费用明显降低。

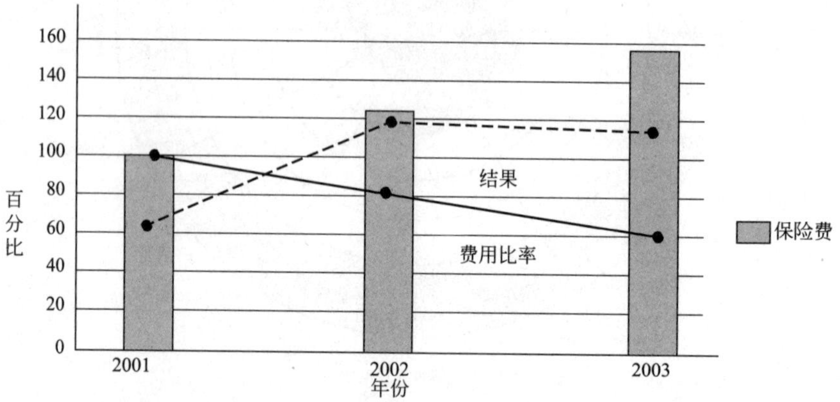

图3.4　瑞士再保险美洲分部运营绩效（2001 ~ 2003年）

领导者的经验教训

有时候，设计公司战略的人和被期待着实现战略的人之间存在着很大的脱节。坐在一家成功的全球化公司的高层位置上思索战略选择是一件很具诱惑力的事情。可是，倾听一线员工办公室的闲聊，并认识到你最为深思熟虑的战略洞见对于那些真正面向客户实践战略的员工的日常行为所产生的影响如此之小，同样是令人羞耻的。这种脱节使得公司难以保持敏感性、适应性或创新性，也使得公司不可能有足够快的行动从而在竞争中取胜。但不幸的是，这种脱节太过常见了。不管你信不信，几年前我们所工作过的一家组织告诉我们，他们的新战略只是在“必须了解”的层面内进行沟通！创建一个新战略可以很有趣，但是实施它是一项困难的工作。战略一致性便是在实施战略方面对组织的一项检测。

几年前，我们在一家大的生产公司为4500人的全球采购部做了一个项目。图3.5所呈现的结果令人相当震惊。在高层方面，8人的管理团队认为组织非常有效。

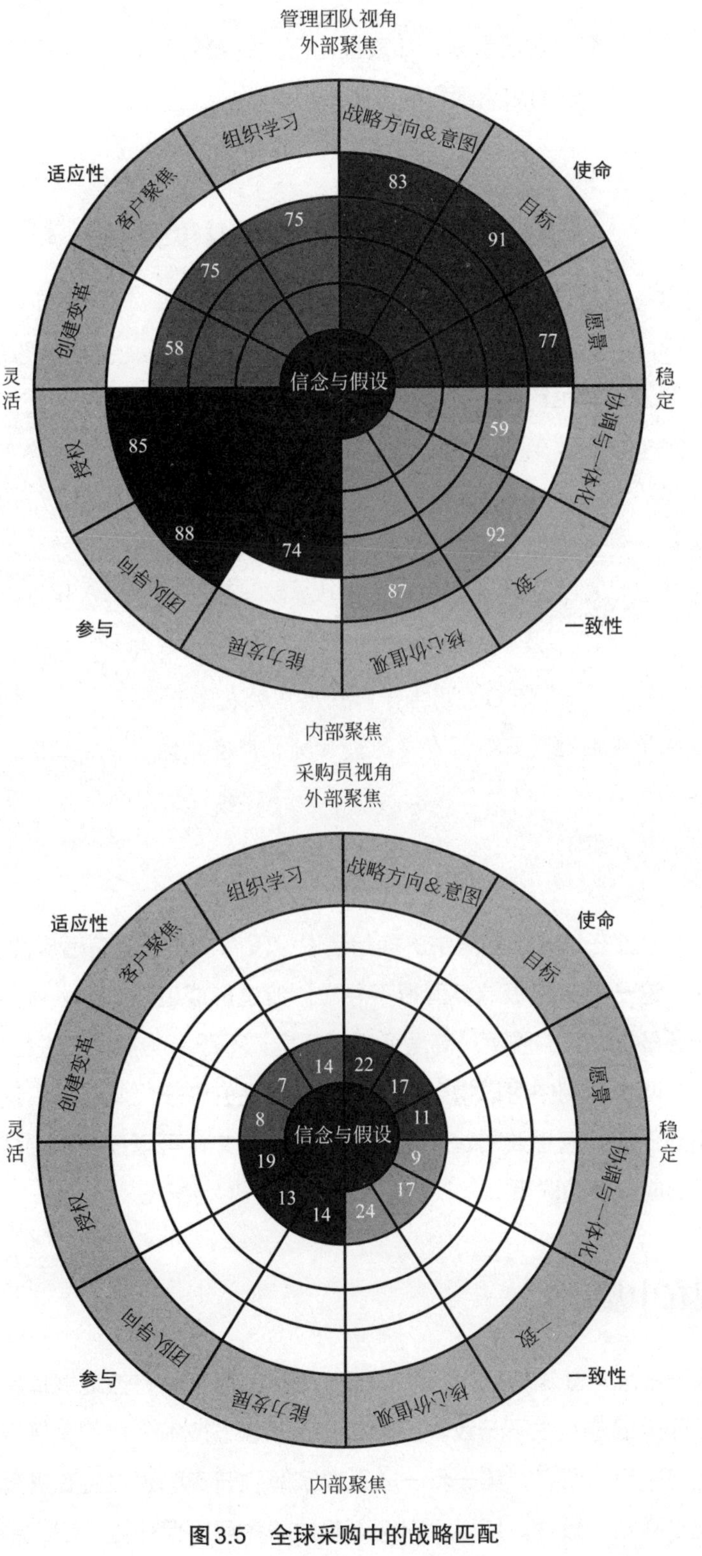

图3.5　全球采购中的战略匹配

而在两个层级之下的采购员看来，却表现出巨大的差异：他们所看到的组织轮廓是他们称作的“世界末日的甜甜圈”的样子!

我们在瑞士再保险公司中的角色

我们在瑞士再保险公司中的工作起始于对他们组织文化的分析，这是国际管理发展学院（IMD）高潜力领导者行政管理项目的一部分。这形成了对瑞士再保险公司所有员工的调查，并持续了几年的时间。我们将调研结果向管理委员会进行了汇报，在年度战略会议上进行了展示，并将其体现在公司年度规划过程中。

美国分公司处理调查结果的方式不同寻常。因为分公司正经历变革，他们更深入和更有规律地利用调查结果和行动规划流程。美国分公司自己处理所有的反馈与规划流程，并且速度很快。有一年，我们在周五上午把分公司数据发送给他们。周五下午，CEO便用电子邮件把结果发送给每一个人，并且说：“调研结果证实了我们过去一年所取得的进步。我期待与你们一起工作并在即将到来的一年继续进步。”接着公司进行了讨论并付诸行动。我们也编写了瑞士再保险公司的教学案例。

所有的得分都在第一个圈层中。换句话说：没有使命、没有适应性、没有参与、没有一致性。这一脱节的极端类型很不寻常，但是形成过程是为人所熟悉的。其成因在于与业务日常现实的脱离，高层绝缘的环境，不愿意与其员工进行公开的讨论。

从本章的两个案例中可以得到有关战略一致性的许多经验教训。这些经验教训可以被运用到任何一家想要构建文化的组织中，该文化可以在董事会战略与一线员工行动之间形成紧密的联系。

混乱出现在中层

由于高层不想把战略转化为行动，而一线员工也不想有效地发挥其作用，所以在这两个层面上很少发生不一致。正如我们在德意志技术公司的案例中看到的，战场几乎总是在中层。所以，第一步一般是要了解脱节实际是发生在哪里。每次的会谈都可以建立战略一致性。所以，它可以起始于高层，但在整个组织中形成一致性意味着每一个层级和每一个地方的员工都必须理解该战略以及他们在实施该战略中的角色。中层管理者的作用是把高层领导的愿景与市场现实联系在一起。❶

指挥链的强度是由最薄弱的一环决定的。为了管理战略实施，无论是新战略还是原有战略，领导者都必须找到最弱的链接并帮助他们摆脱困境。令人吃惊的是，在“去除管理层级”和“创建更加扁平、更负责任的组织”这些讨论中，很少有人关注中层是否明白其实施战略的角色，也不去花时间讨论并解释其角色。往往，当领导者积极主动地进行讨论时，正如汤姆·彼得斯称作的“走动管理”，他们就会了解到组织的许多逻辑、战略、市场与公司能力之间存在差距。此外，当领导者对公司战略如何顾及组织各层级员工感兴趣时，他们的可见性与易接近性就会在员工中建立起信任与承诺。

简单即性感

我从来不认为再保险行业会是性感的，直到我听到瑞士再保险公司的帕特里克·梅劳克斯这样说之后。他的说法很清楚：当目标引人入胜时，目标就会被很好地理解，角色就会被清晰地界定，这会形成激发活力的专注。共同的目标会把人们解放出来，甚至在他们作为团队紧密合作完成工作的时候也是这样。简单是要求每个人都能“理解”。理解的作用不能被高估。如果人们仍然感到困惑，组织就不会简单，也就不会非常性感！

组织文化在解决含糊问题并帮助员工梳理不熟悉情况方面也有重要作用。良好的组织文化在处理事物方式的对错方面给出许多信息，而所有这些信息都会指向一个共同的方向。公司的基本假设与核心逻辑提供了常见的参考要点，可以帮助我们找到对于复杂情况的简单应对方式。

决定要信任谁

在领导变革方面最好的经验教训之一，来自于我们案例研究中瑞士再保险公司美洲分部的CEO安德里亚斯·比尔利。安德里亚斯在要信任管理团队中哪一个关键角色方面有着自己的决策方式，但他本人并没有什么相关表述，反而是当新管理

❶ Nonaka, Ikujiro. “Toward Middle-Up-Down Management: Accelerating Information Creation.” Sloan Management Review 29, no.3 (1988): 9-18.

团队的几位高管就此展开讨论时，其观点由他们响亮而清晰地传达出来。

他们注意到安德里亚斯通常在相对较短的时间里就决定要信任谁并由其担任关键角色——往往是在几个月之内。他不是只带来先前的同事或从熟悉的人中进行挑选，而是基于较短时间内密集的互动来做出决策。其中一位高管举了一个例子，在他们为新战略工作的6周时间内，他与安德里亚斯一起工作了几次，总共有2 ~ 3天的时间。之后，安德里亚斯便请他加入到管理团队中。

所有这些故事的信息都很清晰：你不能一直等着决定要去信任谁。你等待做选择的时间越久，员工就越可能得出你不会信任任何人的结论。一旦做出决定，新的团队就开始聚拢在一起。安德里亚斯通常挑选那些有着高绩效纪录、非凡行业知识和高活力水平的年轻人。但是信任是首先要考虑的。信任让你可以快速行动。❶

成功转型对每个人都有影响

成功转型要求深度参与。瑞士再保险公司案例的另外一个重要经验教训是他们重新界定了“运营模式”。为了从营收增长战略转变到盈亏线战略，他们必须与客户代表、保险精算师和保险商坐下来就新的商业机会做出决策。当客户代表握有最大权力时，就会与营收增长战略产生较大偏离。权力的转变与共同工作的新方式会影响数千种决策以及几百位员工，因为他们学习共同工作的新方式从而为新战略注入活力。

当你试图创建变革的时候，该案例也很好地说明了找到组织行动的节拍有多么重要。瑞士再保险公司在一年中最繁忙的时段实施了这一变革：秋天的续约季，此时所有合同都要为来年更新和续签。如果等到第2年再变革，当然会有更多的时间来安排新的运营模式。但是时机就是一切。如果变革在真正能发挥作用时却没有得到实施，机会就会丧失，那就要等到下一个周期了。当你想要变革组织的时候，必须理解所在组织的行业周期动力学。什么样的时机会产生驱动变革进程最大的影响力？例如，在时尚行业，设计师总是超出真正售卖前2 ~ 3个季节创新风格。当新产品已经在运往商店的路上时，想要再进行干预就会毫无意义了。所以“找到节拍”并利用周期为变革构建动力是非常重要的。

---

❶ Covey, Stephen M.R. The Speed of Trust: The One Thing That Changes Everything. New York: Free Press, 2006.

形成战略一致性：超越德意志技术公司和瑞士再保险公司

战略一致性一直都是通过将战略规划与战略实施进行清晰对接而实现的。战略必须反映当下的行业现状，这意味着在规划新战略时组织的所有经历都是至关重要的。当只有高层制定战略时，不能被真正实施的战略被选中的可能性就会增加。高层、中层和基层需要协作，以将组织内部和外部的知识糅合到一起。在有些公司和行业中，最有利于理解竞争的位置是高层，领导在那里可以看到市场中的最新进展。但是，在其他公司，竞争方面的知识却集中在一线，因为那里每天都在进行战斗。而在另外一些公司，最理解竞争的是设计工作室或研发实验室，那里可以不间断地进行产品改进。所有这些方面的一致性都显示了成功战略的特征。

谈到战略实施，高层、中层与基层之间的联系更为重要。实施过程是执行战略的唯一方式，也是检测战略的唯一方式。毕竟，直到你实际尝试的时候，你才能真正评判新战略的成功与否。所以，各层面有两个目标必须要努力同时实现：执行和学习。“只是做我所说的”对于执行来说有可能是个好建议，但是对学习来讲大多数时候都不怎么好。

战略规划与实施周期

看待战略规划与实施周期的一种最为有用的方式，是由平衡计分卡大师罗伯特·卡普兰和大卫·诺顿提出的。图3.6所呈现的是其模型概览。[1]

卡普兰和诺顿指出，流程通常开始于高层，伴随着使命、愿景和价值观的内容。把规划转变成行动需要组织所有不同部分一系列的措施、目标和战略活动。接着是在运营层面进行规划和实施。但是在这一阶段之后，组织的注意力便转向监控和学习，然后进行检测与适应。学习过程是形成下一周期战略的关键部分。然后，流程重新开始。[2]在这方面做得好的组织可以形成一个“绩效导向的文化……其中每一个

---

[1] Kaplan and Norton, “Mastering the Management System.”

[2] 在一致性方面进行概述的两篇文章是：Collins, Jim. “Aligning with Visions and Values.” Leadership Excellence, 23, no.4 (2006): 6; Sull, Donald, “Closing the Gap Between Strategy and Execution.” MIT Sloan Management Review 48, no.4 (Summer 2007): 30-38.

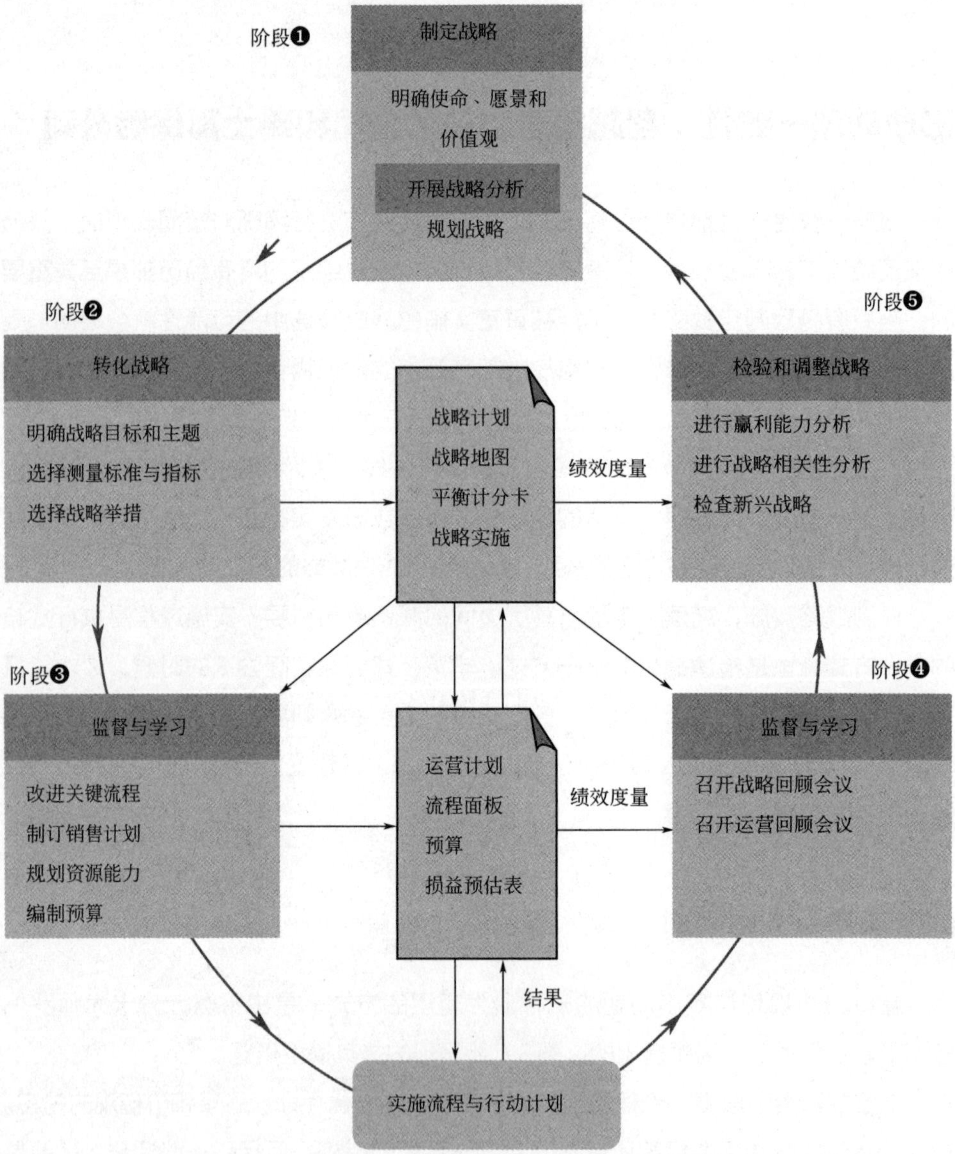

图3.6　平衡战略规划与实施

资料来源：卡普兰与诺顿，2008。

人都积极地与组织的使命保持一致；透明和责任是准则，新的见解被一致性地付诸行动，矛盾被积极和有效地加以解决”。[1]

---

❶ Dresner, Howard. “Building a Performance-Directed Culture.” Balanced Scorecard Report (Havard Business Publishing), January-February 2010: 3-8.

调动思维状态

员工思维状态和其形成的体系逻辑之间的联系一直都是一致化过程的核心。思维状态与体系是一枚硬币的两面。有时候，我们可以通过把自己沉浸在新的系统中来改变思维状态。但其他时候，“成功的改变只会在我们以新视角看待事物时才会发生”。[1]每一家组织的调研过程都有助于他们看到，他们在过去所形成的思维模式和体系都不再适应当前的挑战了。

[1] Carr, Patricia. “Riding the Tiger of Culture Change.” T+D, August 2004: 32–41.

4　创建合众为一的文化

一个壳牌，一个易安信，一个美卓，一个默克，一个德勤，一个美国商业机器公司（IBM）。几乎当今所有的公司都试图将其广布的全球性商业帝国整合为一个一致的整体。“企业思维”指的是允许员工以整体的组织利益采取行动的思维模式，而不是只代表了其中的一部分。甚至当公司有机成长的时候，也往往比看起来更加困难。下面的故事会让你有所体会：据说在一场高尔夫球赛之后，通用公司传奇人物CEO杰克·韦尔奇询问佳能公司同样传奇的CEO御手洗富士夫，是否有可能为通用公司就佳能复印机产品制定一个统一的全球性价格并达成服务协议。御手洗表示完全没有问题，但是当他回到公司后，事情进展得却并不顺利。由于在美国和欧洲这样高度成功的市场中，佳能销售公司具有特定的组织结构，要达成一个全球价格与服务协议需要完成许多额外的工作。可见，全球化整合是个很大的挑战。[1]

但是，当公司通过并购扩张规模时，它所面临的挑战会更大。电子数据系统公司（EDS）是IT解决方案提供商，惠普公司（HP）对该公司的并购是无法抗拒的。因为HP销售产品，而EDS销售服务，这次合并为它们双方都提供了与行业巨头IBM正面竞争的可能。但是，履行承诺所必须进行的高质量整合要花费很多时间和精力。2009年，当佳能并购荷兰奥西（Océ）这家印刷与解决方案公司时，风险变得更高了。他们不仅必须整合诸如HP与EDS这些公司的产品与解决方案，而且还要跨越国界。佳能是日本公司，奥西是荷兰公司，而巨大的竞争市场在美洲，为了让并购成功，并购整合必须平稳进行。

合众为一

当公司的多种特征相互交叠时，合并会使得一体化面临非常大的挑战。跨国合并，即当一体化跨越国家边境时，是非常困难的。[2]而且，产品与服务一体化的跨行业合并，像惠普与电子数据系统公司那样，也具有许多复杂性。那么，客户方面的情况又如何呢？戴姆勒与克莱斯勒合并案由于多种原因宣告失败，而汽车行业优质品牌与普通品牌之间的差异也增加了这次失败的可能性。当合并涉及新的技术组合、

---

❶ Yip, George, and Bink，Audrey J.M. Managing Global Customers: An Integrated Approach. New York: Oxford University Press, 2007.

❷ Denison, Daniel R., Adkins, Bryan, and Guidroz, Ashley M. “Managing Cultural Integration in Cross-Border Mergers and Acquisitions.” In Advances in Global Leadership, edited by William H. Mobley, Ming Li, and Ying Wang, vol.6，95-115. Bingley, UK: Emerald Group Publishing, 2011.

新的所有权与治理结构、不同的领导风格与经历的时候，就会更加难以获得协同作用效果。用一位并购老手的话说："购买是乐趣；合并是地狱"。[1]

对深植于文化方面的差异进行调整相当困难，这也是许多合并失败的主要原因之一。[2]公司文化由所有相互关联的习惯和惯例建立起来，并形成了公司成功的行动方案。但是，超越它们过去成功的发展要求组织对过去重新思考，忘却那些需要停留在过去的实践与原则，彻底改造能带领它们走入未来的新组织。它们未来的成功依赖于这一过程的工作质量。

本章通过关注斯堪的纳维亚金融服务公司极地银行的行动来研究这些问题，因为极地银行努力把3种强势文化整合到1个公司中。[3]在最初并购后的几年中，文化整合并没有取得什么进展。但是之后的新CEO卡塔琳娜·汉森开始关注整个公司，而不是个别银行，并试图把组织从对于整合的讨论转移到做些相关的事情上来。

历史自有其逻辑

极地银行产生于1996年挪威零售银行菲克斯银行与瑞典的兰德斯银行之间的并购，是公共金融方面的领导者。菲克斯银行也在丹麦最古老的私人银行丹麦国际银行（IBD）中拥有控股权，而兰德斯银行是一个小股东合作者。IBD集中于资产管理。因此，这一并购涉及了3家不同的公司实体、3个不同的国家、3种不同的传统，以及金融服务行业3个不同的部门。这种结合的愿景是令人注目的：它们想创建一个领先的斯堪的纳维亚全服务银行，以在零售、公共金融、资产管理三方面拥有实力。

但是合并之后的几年间，这3家不同的银行仍然非常独立地运营着；每一家银行都关注其本国的业务。各公司都有着非常不同的组织文化。菲克斯银行的优势在于挪威地方零售机构。基本上，它们是作为小镇零售银行家的联合会来运作的。兰德斯银行在瑞典本国也有强大的地方布局，但是其优势在于满足瑞典市政公债的公共金融需求，这是金融服务中一个非常不同的部门。此外，1996年并购下来的几家

---

[1] Marks, Mitchell Lee, and Mirvis, Philip H. Joining Forces: Making One Plus One Equal Three in Mergers, Acquisitions, and Alliances. San Francisco: Jossey-Bass,2010, p.4; Mirvis, Philip H., and Marks, Mitchell Lee. Managing the Merger: Making It Work. Upper Saddle River, NJ: Prentice Hall Professional Technical Reference, 1991.

[2] Schraeder Mike, and Self, Dennis R. "Enhancing the Success of Mergers and Acquisitions: An Organizational Culture Perspective." Management Decision, 41, no.5 (2003): 511.

[3] 应公司请求，我们对这家金融服务公司采用了化名。

公司，例如2002年买下的挪威保险公司或2004年购得的芬兰零售银行，也保持着独立的状态。每家银行的高管都完全关注于自己的地方业绩，而没有很关心极地银行整体。毕竟，一国的资产管理者为什么应该关注另外一个国家的零售银行是如何进行工作的呢?

跟踪转变

2005年1月，卡塔琳娜·汉森被提升为极地银行的CEO时，她很快就断定，只要极地银行的整合无法实现，该银行的未来发展就会受到限制。她感到，如果它们不进行很好的整合，就容易受到并购的伤害，并将永远不会在斯堪的纳维亚市场中占据主要地位。汉森自1996年并购以来一直与该银行有工作联系，开始是作为他们的外部法律顾问，然后是董事会成员，在前4年成为其法律总顾问办公室的负责人。她与公司总部而不只是其中一家银行的紧密联系，被看作是她作为CEO这一新角色的重要优势。但是我们的文化调研结果显示，她的工作一定非常辛苦。

调研结果表明，极地银行的战略和愿景不太清晰（见图4.1）。这些也表明它们

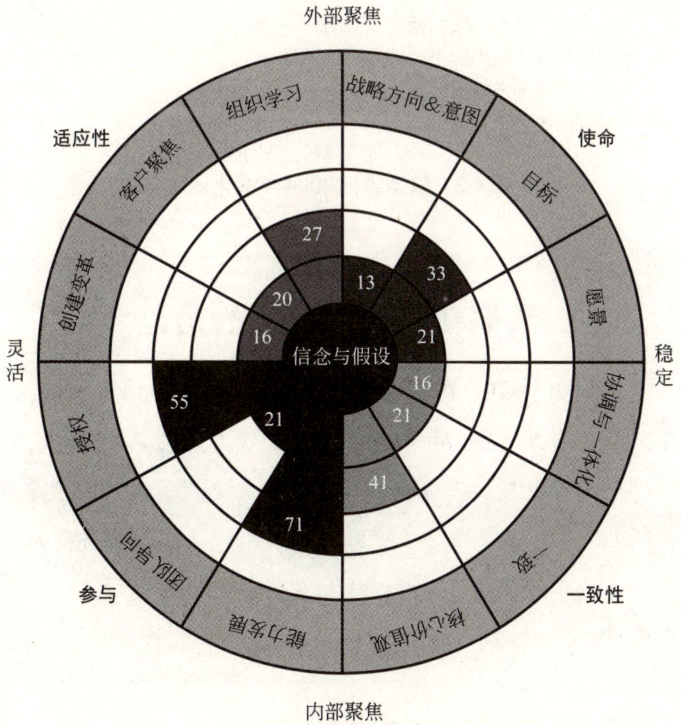

图4.1　2004年文化调研结果：极地银行

缺少跨越业务边界的协作与整合。它们没有建立一支团队，在朝着中心文化发展方面也没有形成一致。它们并没有关注客户满意度。尽管在创建单一文化方面缺乏关注，但是极地银行仍然表现出一个好雇主的许多迹象，在能力发展和员工授权方面，公司总部和每家银行都有着显著的优势。3家银行的调查结果有许多相似性，尽管瑞典兰德斯银行要比其他两家银行更强大。

图4.2说明了60个调研项目的高分与低分项。这幅图展现了调研中的5个最高分项目，并且与5个最低分项目进行比较。这个对比显示了极地银行的主要优势大多是在参与领域。相比之下，主要的挑战是在创新、风险承担、协作与愿景方面。

高分与低分项目

最高分

91 我们员工的知识与技能不断改善。
83 决策时重要的细节经常被忽视或忘记。❶
78 领导者设定模糊但现实的目标。
75 业务规划是持续的并在某种程度上把每一个人都牵涉到这一进程中。
74 员工能力被视为竞争优势的重要来源。

最低分

2 具有“强”文化。
4 创新与风险承担受到鼓励与奖励。
4 很容易通过组织的不同部分协调项目。
4 在组织未来发展状况方面我们具有共同的愿景。
7 具有清晰的未来战略。

图4.2　极地银行2004年文化调研

我们在极地银行中的角色

2004年，极地银行CEO在国际管理发展学院（IMD）联系我们为其35位领导者创建一个领导力项目。我们对作为这项领导力项目基础的公司文化进行了分析。之后，我们促成了集中于调研结果和文化变革过程的领导力会议，并且在大约6个月之后，我们进行了随访。我们培训了正在推进变革过程的几位顾问，以解释结果并促进行动规划过程。我们与CEO进行了几次会面来讨论其进展，并在第1次调研的18个月之后进行了第2次文化诊断过程。

❶ 原始分数已经由于该消极措辞项而得到反向调整。在所有情况下，高分都表示更有利的条件。

对汉森来说，这些调研结果表示，要认识到极地银行仍由3种不同的文化构成，并且到了要处理这方面问题的时候了。她完全同意前任CEO的愿景，即该银行应该作为一家公司来运营。但是即便前任CEO在1996年并购后一直强调运营的整体性，实际上却鲜有成效。极地银行的结构和流程大部分仍未改变，高层团队没有真正参与到整合过程中。他们每两周会见一次，但通常只是返回总部并以其惯有的方式来运营银行。汉森知道，如果她的愿景要变成现实，就必须快速地使银行转型。基于调研结果，她决定集中于战略流程、监管结构以及高层领导者来开展工作。

形成一种战略

试图用3种不同的战略领导一个组织不会有很好的结果。但是，要制定一种战略就需要管理者彼此在业务和战略方面能更加相互理解。为了开始这一工作，汉森组织了一系列战略研讨会，3家银行所有的管理者都参加会议，并就每一个业务单位的战略进行公开讨论。用3种不同的战略整合3家银行需要投入巨大的时间和努力。他们只有理解了其他银行当前的战略，才能懂得如果要一起工作，他们能做到什么程度。

经理们总体上同意围绕跨境业务创建发展路径，但并没有在如何开展工作方面达成一致。汉森意识到，需要让公司各层级人员都深入参与其中才能取得成功，因而在战略发展方面创建了跨业务联合与自下而上的做法。这意味着挪威零售银行的高管必须理解该战略并将其输入瑞典这家公共金融银行中，反之亦然。这些多部门战略的讨论向所有的团队发出了强烈的信号，汉森正在为极地银行认真地发展一种中心战略与文化。除了高管之外，她也在战略过程中让大量高潜质人才参与进来。到了2005年6月，这一过程已经帮助组织明确并沟通了战略愿景：极地银行明确渴望在斯堪的纳维亚的零售银行业中成为重要一员，并且在公共金融与资产管理方面成为欧洲的领导者。

沟通一种信息

要向所有利益相关者沟通战略愿景的内容，这也是很重要的。汉森认为，极地银行要保持独立就必须进行更好的整合。没有更好的跨边界与跨业务的整合，极地银行很可能会被竞争者吃掉而成为欧洲持续的行业合并中的一部分。汉森认为，在并购整合方面做得最好的银行最有可能在行业合并中存活下来。

她与高管团队一起着手工作。她认为，必须激发高管们对整合的热情，即便对于这些银行家来说热情并不总是最重要的东西。她采用了一种较好的方式，强调极地银行“不必在最后时刻为寻找合作伙伴而担心”，但是如果它们打算作为一家独立的公司持续运营的话，就必须更加强大。

这一信息必须在公司内部与外部同时进行沟通。2005年6月，汉森同时在3家银行召开会议，与金融分析师讨论极地银行的新战略。当她在挪威和分析师一起开会时，管理委员会的成员则在瑞典和丹麦进行同样的演示汇报。当所有的沟通都集中于单个银行所面临的问题时，这种沟通的新方式就与过去的方式完全不同了。该战略宣布不久，极地银行便收购了芬兰零售银行。这向员工和其他利益相关者表明，极地银行对于其战略是认真的，并会配置资源以实现其野心。

创建一个公司中心

自1996年并购之后，极地银行公司总部表现得更像是一个控股公司而不是一个强大的公司中心——只有公司财务部门会产生一些真正的影响。公司中心并没有一个总体的战略规划，也没有一套支持性部门例如人力资源、信息技术或后勤运作。因为在控股公司中，每家银行都集中于自身利润的最大化，而不是形成协同作用以使极地银行整体的利润最大化。为了向前发展，他们在公司中心创建了更强大的人力资源、财务、市场营销和品牌推广部门。他们也努力在不同的银行传播最佳实践。最终，极地银行确保最优秀的员工可以在整个集团获取机会，而不限于他们所在地的银行。

创建一个董事会

汉森通过重构这3家银行的管理委员会而又向前迈进一步。每家银行的董事会现在都包括所有3家银行的CEO、汉森以及集团管理委员会的其他3位成员。这一新的安排强调了每家银行的CEO都必须以集团的思维模式来运营。这一举措发出了强烈和坚定的信号，即汉森是要构建一家单个实体而不是3个分散实体运作的银行，她在这方面是认真的，并超越了其他任何一种做法。

创建一个团队

汉森也意识到，她必须要让员工坚信其愿景。她采取措施以确保合适的人处在合适的位置上。例如，一位重要的人力资源主管并没有公开反对汉森的方案，但是做出了许多消极的抵制。一些关键性策略，例如360° 反馈和高管辅导以及运用公司大学来培养三家银行和公司中心的管理者，只得到了这名主管一般性的支持。人们很快发现，这会使他们怀疑汉森在变革方面的认真程度。因此，这位主管以及其他几位有能力但行动迟缓的管理者便被请离了公司。

创建一个领导力发展过程

汉森明白，她必须将所有极地银行的体系和结构进行匹配，以支持对这种文化进行变革。极地银行公司大学开发了领导力项目，来自所有银行的高管们都可以在该项目中致力于领导技能的练习。管理团队集中于5个关键的领导力维度：客户导向、愿景、创新、员工管理、跨界协作。每一支团队都由一个董事会成员进行组织，项目开展6周之后，他们向管理委员会呈现其想法，其中有些想法他们当场就采用了。

汉森和管理委员会也在广泛运用360° 反馈与辅导方面引领了方向。行动胜于空谈。自此以后，400多名高管参与到这种反馈和辅导过程中。公司大学创建专门项目，为3家银行年轻、高潜质的管理者进行6个月的轮训。这是另外一个有效的做法，打破了极地银行的孤岛思维，提升了管理者对不同子文化的理解力，形成了移动国际化管理者的蓄力池。极地银行还实施了人才评估工作，以有助于跨境地识别和管理人才。

追踪转型

汉森及其团队逐步付诸实施的变革开始显示出成效。2006年9月，大约在她接任CEO的18个月之后，她决定再次进行极地银行的文化调查以评估他们所取得的进步。正如许多组织所表现的那样，她在倾力最多的领域看到了重要的改善。使命的所有元素都得到极大的提升：战略和愿景每一个方面的增长都超过了50个百分点，目标清晰度也有很大的提高。他们阐述银行未来方向的所有努力都开始渗透进来。这些结果在图4.3中得以呈现。

极地银行的第2次调查也在其他两个领域中显示了实质性的进步。团队工作水平提升了30多个百分点。他们在组织学习方面所提升的50个百分点，大部分都表现在风险与创新领域，这再次说明他们最为关注的领域得到了最大的改善。

极地银行的分数也表明，他们在赋权和能力发展方面仍然很强大，证明了他们即使在实现所有这些变革的时候，也从未削弱要成为好雇主这一优势。

然而，这些结果最令人沮丧的部分就是没有得到改善的内容。客户聚焦仍然处于低水平，很少或没有得到提升。此外，几乎所有一致性方面的测量项都保持在第一次调查的水平。或许公司已经在共同的基础设施与价值观方面做了基础性工作，但是要创建一个共同的运营体系他们仍有很长的路要走。

领导者的经验教训

领导者必须对组织强烈的子文化有所认识。这些文化从组织内部与外部两方面的影响中得以产生。在某些组织中，像控股公司、集团企业或高度分权化的组织，这种文化分离是合适的。尽管如此，大多数组织还是努力试图创建一种共同的文化，把许多碎片整合为一个引人注目的整体。极地银行也做出明确的战略选择，放弃继续3个分散的银行经营，而变成跨越业务边界的全服务型银行。

但是，变革文化是一项艰难的工作，需要在非常现实的层面上进行。汉森如果只是简单地声明，“极地银行要有一个总体文化”，然后就希望这种文化会产生的话，那么她将会永远抱憾。她知道，如果想要使文化不同的业务单位以公司总体的最佳利益来行事，就必须采取强烈和具体的行动。

创建共同的监管结构

极地银行最好的一条经验是，他们决定创建共同的董事会以指导所有3家银行。3家银行具有相同的董事会，形成了共同的治理结构，并极大地减少了内部权力争斗。3家银行在各自成功运营以及共同开发互补性、获得实现其战略使命的新的动态能力而迈向未来的活动中共享利益，与这些相比，关注银行之间的权力差异就是次要的了。

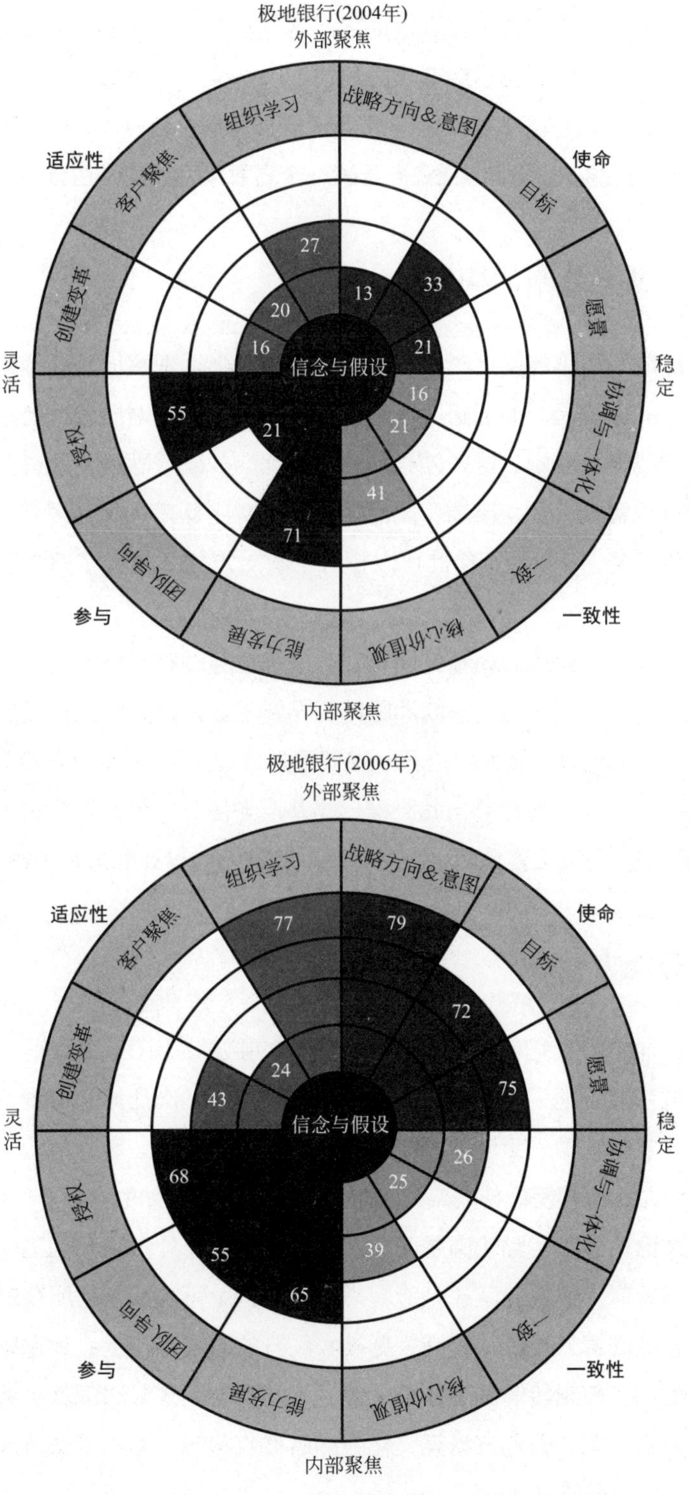

图4.3　2004年与2006年文化调研结果对比：极地银行

我们所知道的公司中很少有以极地银行这种方式来解决治理问题的。更加普遍的做法是在公司之间进行董事会成员和角色的一些交换。例如，在医药行业，当帝斯曼集团（DSM）在2002年收购罗氏维生素公司时，DSM的一名董事会成员就成为新购公司的主席，DSM还任命自己的一个高管作为这家维生素企业的CEO。

让领导参与共同战略的构建

在努力形成公司总体文化时，不同的业务单元必须理解彼此的战略。极地银行另外一个很好的经验是，他们努力让每家银行的高管和高潜质管理者都参与到为所有银行考虑的战略发展中。这些领导在理解彼此的战略方面所共同进行的工作，有助于他们相互理解其运营、市场、产品、员工、文化及其优点和弱点。它作为一个总体机制提供服务，3家银行借此可以相互了解对方的业务并了解制定共同战略的主要目的。

尽管我们没有在其他公司看到同等程度的跨业务战略发展，但是我们看到了其他一些有趣的案例。例如，一家欧洲医药公司要求在公司持续战略发展方面进行非常广泛的参与。他们每5年就会进行一次被称为公司战略对话（CSD）的流程，而各层级几百万名管理者都会参与此流程。此外，当各业务单元将公司战略转换成他们自身的战略时，通常会邀请其他业务单元的管理者对其计划进行关键性审评。

构建跨业务能力

极地银行通过建立轮岗体系构建了跨业务的能力。现在，3家银行高潜质领导者的职业发展都要求他们具有在其他至少1家银行中工作几年的背景。这是非常少见的，因为这要求成功人士到本国之外工作，并会承担一些新的风险。但是对识别那些真正想致力于跨界使命与战略的人来说，这是极有帮助的。

然而，讨论轮岗和实际轮岗是两件不同的事情。另外一家我们工作过的公司也创立了“工作轮岗”体系。其原则听起来都很不错；可实际上，所有的轮岗都是单向的。收购方的高管人员都“轮岗”到被收购方的重要职位上。但是轮岗的这些人很快发现，他们“被轮转”到了公司之外。人们不会用太久时间就会看到，这些都是胜利者的封官许愿，收购方将其文化强加给被收购方，而不是通过双向转移人员来创建两全其美的最佳文化。

对不匹配的管理者做出快速决策

在与实现极地银行转型不太相关的决策中，卡塔琳娜·汉森也深思熟虑。她非常耐心地给予管理者丰富的机会，以展示其活力与一致性。她绝不会“鲁莽行事”。但是当她已经清楚有些团队成员对必要的战略与文化变革是不支持的时候，她就会快速行动。从一开始就得到合适的团队一直都是整合过程中的第一步。[1]

创建合众为一的文化：超越极地银行

我们曾经与一家总部在英国的啤酒公司合作，该公司经过10年的并购已经实现大规模的增长。一次次的实践证明，将被并购方整合到并购方是困难的，在高层管理者中几乎从未有过像并购下一个目标时那样的激情与活力。他们把“创建一种文化”的讨论视为有关价值观与目标的空洞说辞，但同时又不断地为建立共同架构以便实施基本商务决策的屡次失败而感到沮丧，例如生产合理化、共同品牌构建、庞大商业帝国的分配体系。

公司的某些员工仍然会一直谈论价值观和文化。有天晚上，惠普的执行副总裁把我拉到一边谈起了那些提出建议的人，他们认为领导团队应该花费更多时间讨论其核心价值观并更加注重共同文化的创建。他问我能不能之后和他们的管理团队碰个面，讨论下这个问题并帮他们决定下一步要做些什么。

“你想得到的是什么呢？”我问他。

他看着我，扬了下一边的眉毛说：“我们必须确信什么都没有发生！”

那天晚上，我在外面走了许久才回到酒店。

几年之后，他们收到了一个竞争对手很不错的报价，要收购他们没有一体化的整个公司。这是将问题和可能性一起彻底销售出去的绝好机会。他们接受了报价。以剑为生，终死于剑下。整合并购方实属不易！

---

[1] Collins，James C. Good to Great: Why Some Companies Make the Leap—and Others Don’t. New York: HarperBusiness, 2001.

创建一个整体规划

多年以后，为这种讨论构建框架的经典方式仍然是图4.4中呈现的莫维斯与马克斯模型。在他们2010年的著作《联合的力量：在兼并、收购与联盟中让1加1等于3》里[1]，他们比较了被收购公司所需要的变化程度与收购公司的变化程度。由此，他们描绘了并购的5种类型。

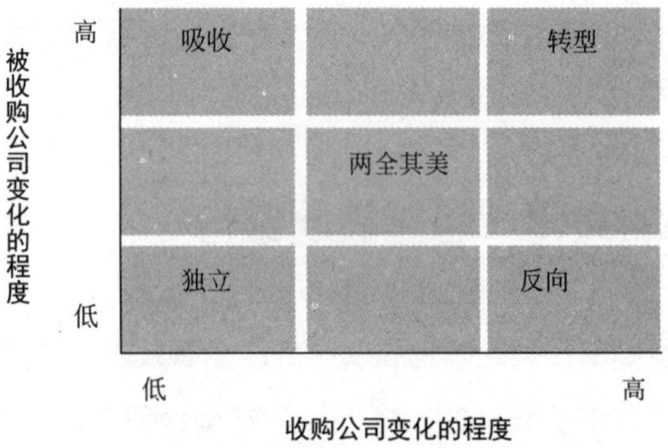

图4.4　并购的不同类型

资料来源：莫维斯和马克斯，1991。

- “独立”并购，两个公司都不需要什么改变。
- “吸收”并购，被并购公司必须极大地改变，以便能被收购方吸收。
- “反向”并购，收购公司必须极大地改变以呈现被并购方的许多特点。
- “转型”并购，两个组织都要很大地改变。
- “两全其美”并购是中间状态，需要两方都适度改变。

理解这些类别总是有助于阐明与并购相联系的权力动态性和复杂性。但是，哪一种类型最适合环境，这一直都是令人困惑的麻烦事儿。

莫维斯与马克斯框架中的第2步是解决需要多少整合工作的问题。何处？何时？为什么？以怎样的顺序？新组织的构成单位应该只是共同控股公司独立的部分吗？或者，它们应该被完全兼并合并吗？一路思考下去会有很多有意思的问题。不同的企业单位和功能可能需要不同的战略，并且整合中的一些目标可能会在几年的时间里从一种类型演化为另外一种类型。一份详细的整合规划是形成引导整合过程的最好资源（见图4.5）。

[1] Marks and Mirvis, Joining Forces.

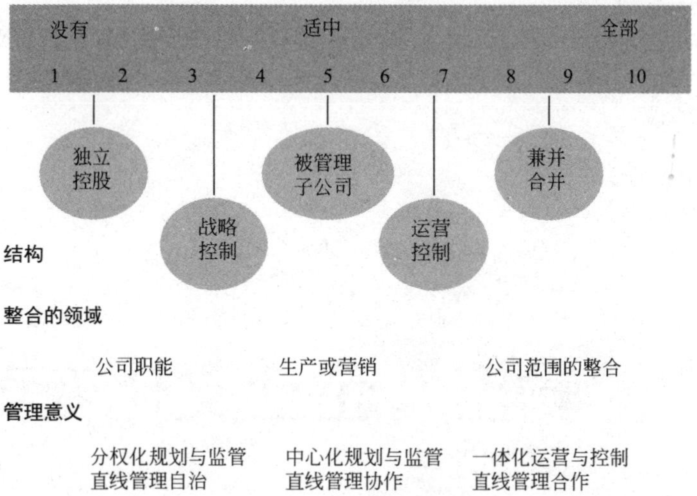

图4.5 整合多少方面

资料来源：莫维斯和马克斯，1991。

两家公司文化之间的类同与差异可能是优势与挑战的来源，认识到这一点也是很重要的。组织通常首先寻找相似之处并倾向于将其看作优势。这方面我们最喜欢的案例是，IBM咨询公司对普华永道咨询公司的并购。[1]当整合团队完成对两家公司的尽职调查时，他们注意到在组织结构、市场战略、公司价值观等方面存在一些显著的相似性。然后，当整合起来的高层领导团队可以快速在新的运营原则方面达成一致时，对一些领导者来说，这两家公司似乎真的像是“出生时就被分开的双胞胎”！在“搜寻”之初，很容易低估整合过程的复杂性。

但是，如果管理有方，迥异文化之间的互补性也会成为巨大的优势来源，看到这一点也非常重要。大而稳定的技术公司往往并购小而活跃的初创企业以驱动其创新和增长。当该过程得以正确处理时，这种组合后的组织就会以初创企业自身永不可能的方式获取在创新思想方面的影响力。当医药公司进行研发并购时，它们或许花了大价钱，但是与投资自己的研发实验室相比，它们所进行的投资可能会得到更大的回报。

有时候，文化不相容是在总体上避免成为并购目标的一个好理由。但更常见的是，如果一个组织特别关注整合过程中文化的复杂性，并在合并的紧迫性与制订周全整合计划的耐心之间保持恰当的平衡，那么该组织就能克服困难，取得整合的成功。

---

[1] Moulton Reger, Sara J. Can Two Rights Make a Wrong?: Insights from IBM's Tangible Culture Approach. Upper Saddle River, NJ: Pearson Education, 2006.

5 “输出”企业文化变革

每一家全球性组织都面临着同样的挑战。他们无论是美国公司还是荷兰的、瑞士的、中国的、德国的、法国的、日本的、巴西的或是印度的公司都没有关系：它们的组织在一个地方创立，并在那里成功成长。公司的核心理念与所创建的文化都能反映出那些起源。当公司昌盛的时候，就会远远超越其最初的想法和志向。但在这一过程中，他们开始碰到一个基本的困境：你如何将构成成功组织根基的精神、本质、原则输出到一个新的环境中，而又不会成为把本国习俗强加于不太相融的新环境中这一蠢行的受害者?

这方面的例子到处都是。你如何在印度售卖汉堡包？是的，管理顾问喜欢说“圣牛做出最好的汉堡包”，但是这并不会帮助麦当劳为印度顾客建立产品战略。[1]当达美乐比萨首次进入德国的时候，他们试图坚守美国的工作规程。但是，他们很快就发现，大多数德国男人如果不能坐下来喝杯啤酒的话，就不会带着家人外出吃比萨。所以，他们不得不改变其计划以适应当地的习惯。在第1章，我们讨论了宜家平装战略使其几乎不可能在商业家具市场上取得真正的成功。然而，他们成功地在许多不同的国家把越橘作为瑞典的象征。建立成功的全球性公司总是意味着要跨越国界成功地输入和输出组织文化的元素。

当日本公司20世纪80年代首次在美国开始制造汽车的时候，它们试图把日本的工作实践带入其美国的工厂中，有些已经成功了。但有一种经验他们转移得不太好，即日本人在早上开始工作之前一起做健身操的习惯。我一直不理解为什么这种做法在日本那么有效，直到我们的长子罗兰在日本公立学校读五年级时才明白。每天早上，甚至是在冬天，学生们都会在操场列队。他们的老师会点名、通告并讨论当天的计划。在他们讲话的时候，孩子们浑身发抖，又不敢抱怨。当老师停止讲话的时候，操练就开始了！慢慢地，这一天就会活跃起来，因为孩子们开始一起暖和了。

所以对于日本工人来说，深植于其国家文化中的晨操具有许多意义。但是，同样的做法对于美国工人来讲就没有什么意义，所以也达不到其预期的目的。这些故事对我们所有人来说都是很好的提醒，即价值只有在相应的环境之中才有意义。当我们环境改变了的时候，我们常常需要确保自己与环境是连通的。

---

[1] Kriegel，Robert，and Brandt, David. Sacred Cows Make the Best Burgers: Developing Change-Driving People and Organizations. New York: Warner Books, 1996.

企业文化变革能够“被输出”吗?

组织任何一个部门的成功转型都是重要的成就。但是将那些变革从一个部门转移到另外一个部门则是更大的挑战。在全球范围内取得一致的变革是所有挑战中最大的。这之所以有难度，是因为组织很少能在整个世界进行同等步调的变革。许多公司都错误地假设，它们可以在全球基础上推行程式化的变革。以我们的经验，这是相当有差异性的。在成为全球化变革之前，所有的变革都是地方性的，然后才是多地方性的。向地方最佳实践学习，以便最重要的经验可以传输到整个公司，是变革过程中最难的部分。未来的种子总是存在于当下，它们正等着被发现并在全球范围内得以利用。

这种观点意味着，改变一个全球性公司要求该公司将某地的成功变化“输出”到公司的其他地区，然后再将之整合到当地环境中。那真的可能吗？使得这一过程顺利的代价是什么？让我们看一下企业文化在美国成功转型继而“被输出”到欧洲的例子。

转型与转变

1998年，GT汽车公司收购了S&H制造公司并组建了HVAC（供热、通风与空气调节）部门来为汽车市场服务。[1]GT作为一家私人公司于1919年成立于英国的伯明翰，当时的名称叫TUBE投资有限公司。从一开始，GT就是一家工业公司，专注于通过管道携带流体的产品，例如制动系统、燃油系统和HVAC系统。历经数十年，该公司健康地并通过并购得到成长（该公司目前由私人股权公司所有）。到2009年，他们在6大洲27个国家以16 000名员工运营着100多种设备。在每年约30亿美元的销售额中，欧洲占50%，北美占35%，剩余的来自亚洲和南美。GT是主要汽车制造公司的供应商，通用汽车是它们最大的客户。

2002年，提姆·库普勒成为GT北美HVAC分部的总经理。库普勒1992年就进入公司工作，是GT经验丰富的员工。他在该公司的经历包括，在质量保障方面工作了10年，然后又在燃油系统工作了一段时间。他在历经多种转变的组织中接任

[1] 应公司请求，我们对这家公司采用了化名。

了领导角色，并成为在最近5年中掌管该组织的第9位领导！

自收购S&H以后，所有的管理都以底特律附近的北美总部为中心来进行。许多在公司工作的长期职员都感到，S&H的创新与企业家精神的文化已经被GT缓慢和官僚的文化所替代了。在严格的职能范围与受限的工作空间下，有些职员甚至发现他们自己正在停车场的拖车中工作。而且，作为GT最小的部门，HVAC很少得到GT高层必要的重视。HVAC的一位经理说：“我们就像是GT的红发继子”。

跟踪进展

在提姆·库普勒成为GT北美HVAC分部的总经理之前，我们的组织文化调查已经被GT运用了4年的时间[1]。考虑到他作为总经理在任期早些时候所了解的情况，他相信该方法在诊断分部问题和改善业务方面是有帮助的。2003年所有分部受薪雇员的调查信息是清晰的。这些调查结果呈现在图5.1中。结果表明，分部在提升竞

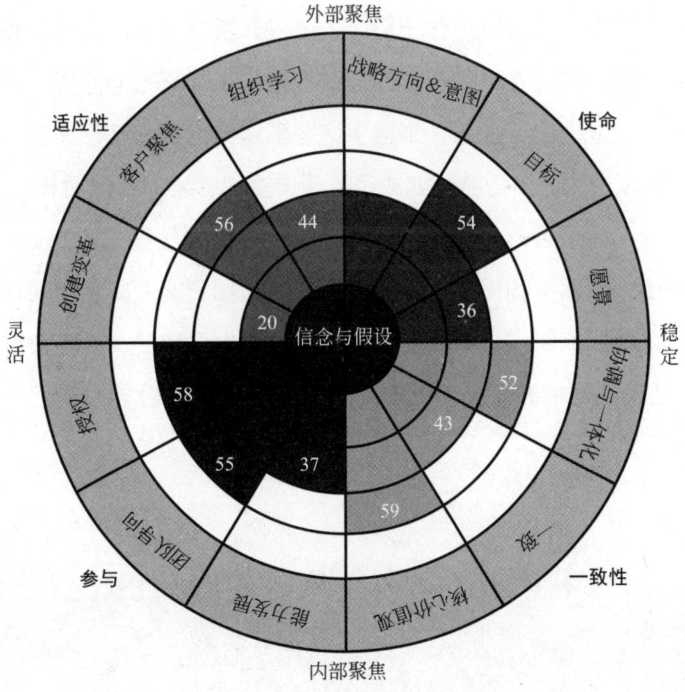

图5.1　2003年文化调研结果：HVAC北美分部

[1] Denison, Daniel R., and Lief, Colleen. “GT Automotive (A): Transforming a Corporate Culture.” Lausanne, Switzerland: IMD Business School, IMD-4-0308, 2009; Denison, Daniel R., and Lief, Colleen. “GT Automotive (B): Building a Global Team.” Lausanne, Switzerland: IMD Business School, IMD-4-0309, 2009.

争力而进行变革的能力方面，方向感较弱，不稳定性较多。他们需要对未来的感知以及如何达到未来的计划。

参与会议

GT公司从诊断到行动的方法对每家组织都具有重要的影响。他们把所有雇员召集在一起“参加”了一天的会议，将此作为一个平台，理解分部的调研结果并着手安排将会解决其主要问题的变革。

从一开始，公司上下对此就存在普遍的怀疑态度。过去，这种类型的会议很少带来真正的变革。但是库普勒将北美HVAC变为更好的工作场所的热情是有感染力的。他们的首次参与会议回顾了HVAC的历史。之后，领导们展示出了文化模型与调研结果。没有人再对他们要变革的消息感到吃惊了。

作为这次会议的一部分，领导团队为HVAC员工提出了需要进一步思考的愿景陈述。工作小组继而对愿景陈述作出反应，就提升客户关系战略提出意见，并对调研所反映的问题提出解决方法。在帮助公司决定未来战略方向方面，公司邀请每个人都参与其中并对他们进行酬谢。来自于这些小组讨论的许多想法都被展现给整个团队，而这些建议中的许多内容都变成了行动步骤和后续的工作细节。

几个月以后，他们召开了第2次参与会议，来评估在第1次会议设定的目标方面所取得的进步。管理者和员工都对明确表达想法和实施变革负有责任。当这场文化转型开始获得动力的时候，整个公司的态度也发生了转变。参与会议成为公司员工1年2次的活动，他们开始期待这些活动，将其作为追赶同事的好机会，并为塑造分部的未来而做出贡献。

我们在GT汽车公司中的角色

在本章描述的工作开始之前，我们在GT汽车已经进行了4年的顾问工作。文化调研在HVAC分部得到了广泛运用并在本章得到了说明；但在GT其他部门的运用则有更多的限制。我们与GT的高管与经理会面，展示调研结果并推进行动计划过程。在本章所述的工作开始时，GT已经非常熟悉我们的方法，他们自己已能很好地处理这一过程。到2008年，我们完成了国际管理发展学院（IMD）关于GT汽车公司的教学案例。

资料来源：丹尼森，利夫，2009a，2009b。

业务团队

但是，只有参与团队来驱动转型是不够的。为了维持参与团队所形成的动力，接下来要抓住那种活力并在一系列核心业务中对其进行引导。为了做到这一点，他们创建了一系列业务团队，集中于提升HVAC客户体验所要求的特定变革。5个业务团队被建立起来，成员5～20名不等，每个雇员都至少在其中1个团队中参与工作。他们充分考虑，为每一个新的业务团队选择最佳的结构、成分、目标、责任、指标。领导选拔与运营流程交由每个团队全权处理。对于每一个团队的要求只是以下内容，即他们应该：①定期会面，鼓励沟通和参与；②参加每年的慈善活动；③按季度修订其目标；④在月度业务会议上汇报进展；⑤在公司内部网上维护网站。为了相互了解，业务团队被邀请在月度全体会议上展示其最佳实践以及当前所面临的挑战。

这些业务团队与既有的组织结构有相当多的重叠。但是其目的并非让每一个部门都形成业务团队，而是形成新的工作方式，在“HVAC提升客户体验”的总体目标上保持一致。该方法的重要特征是，业务团队不仅是部门或单元的领导团队。相反，业务团队的成员通常要比公司中形成该团队的部门领导低一个或两个级别。这种“行动团队”方法往往非常有效，因为它创建的团队成员有知识、有经验，在引导公司迈向未来方面具有强烈的利害关系，而不是一支可能会受到诱惑为过去决策辩护而分散精力的完好无缺的领导团队。

该过程开展1年后，领导团队和公司职员实际上对其进步感到有些吃惊。图5.2所展现的其2004年的调研结果表明，在每个类别中他们都得到了实质性提升。HVAC超过了2004年利润计划20%，在质量与安全绩效方面也有所改善。库普勒及其团队的努力引起了TI公司高层的注意。他们已经创建了自身的文化转型，并引领了业务的重要转变。HVAC再也不是TI公司的“红发继子”了。

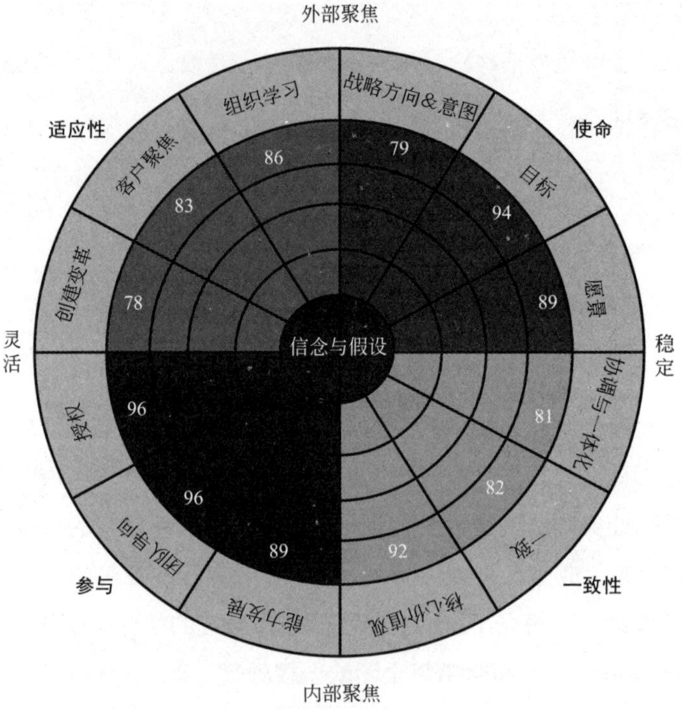

图 5.2　2004 年文化调研结果：HVAC 北美分部

关注心愿

这些成功所带来的结果是，库普勒被TI公司邀请担任副总裁而肩负全球职责，并接任HVAC分部的总经理职位。尽管他确信必须在新的职位上实施一项变革议程，但是他不知道是否应该在新的环境下采取同样的方法。公司文化很明显是一个问题，但是这一次国家文化也会是一个问题。在其全球性角色中，他要在全世界11个国家中处理HVAC运营的复杂局面。工人分布在广泛的地域范围内，不同的国家文化对于公司文化的影响将会使得工作更加困难。

他最初的想法是延伸他们在北美运用的成功的变革过程，但会基于在每一个国家所得到的经验而不断修正其做法。欧洲显然是首当其冲。HVAC在西班牙、意大利和捷克共和国都有生产运营，其商业运营总部在德国的海德堡。这些地方有着很大的文化差异。在美国带来工作环境改善和显著财务绩效的同样的方法也会在欧洲差异化的背景下盛行起来吗?

库普勒感到，欧洲组织的优势在于其纪律严明，尊重权威，对于任务奉献到底。

然而，他也发现，员工似乎对新的举措非常怀疑，因此也不太愿意率直地共享其感觉和想法。这个群体需要确信真正的变革即将到来，无论他们从事什么或者谈论了多少。但是这一次的工作也更为复杂，因为用于欧洲设备的是5种操作语言。库普勒能做好这项工作，也得到了他所创建的全球化HVAC领导团队分部代表的强大支持。表5.1展现了北美和欧洲之间总体的相似点和差异之处。

表5.1　北美和欧洲文化变革比较：GT汽车公司HVAC分部

地区	优势	问题	文化变革关键要素	文化变革营销与初步实施
北美	● 快速接受变革需求 ● 团队精神迅速建立并使纪律性和承诺增加 ● 开放共享思想与批评	● 团队协作与推动的强烈愿望 ● 批评与嘲讽 ● 缺乏初始的纪律与组织；难以坚守承诺 ● 缺乏沟通而很快转为消极 ● 对计划和细节容易厌倦	● 团队结构落实 ● 愿景、战略、部门、措施与奖励的匹配 ● 丹尼森调查与正式的纠偏措施 ● 参与会议与业务流程会议 ● 广泛的能力发展流程的实施 ● 定期沟通与团队活动	● 强调促进变革的关键事实 ● 基于员工对构建动力的反馈管理实施小的变化 ● 构建团队精神的延伸性团队活动 ● 更宽泛的团队评估与支持，强调团队承诺 ● 维持利益与支持的各种规模活动的定期识别 ● 利用幽默与故事打击讽刺并维持兴趣
欧洲	● 纪律性与组织性 ● 高度尊重秩序与权威 ● 对承诺坚守到底	● 怀疑 ● 与高管分享思想的迟疑 ● 承诺满足时构建团队精神 ● 仅在清晰解释、计划和最初跟进下才接受变革 ● 更多要求推动的重要成就	● 同上	● 彻底评判变革案例和驱动变革的流程 ● 强调更加实质性的管理承诺与碰面时赢得尊重的时机 ● 缓慢开始并持续增长的团队活动 ● 鼓励共享思想的管理参与 ● 用计划、承诺和成就的更多细节强调主要的识别活动

图5.3所呈现的2004年欧洲调研的结果，实际上要比2003年北美的最初结果更具有挑战性。对北美来说，不存在太多问题的一致性结果却成为欧洲最薄弱的环节，反映出在创建全球性HVAC业务的必要内容方面，不同地区之间很难达成一致。调查结果得自于2004年6月，而首次的会议也被安排在同一个月份。这次，会议议程也包括了群体结果的展示和构建行动方案优先选择的表决。在会议上，欧洲公司的愿景与战略得到了讨论和阐述。下次会议被安排在2004年11月。

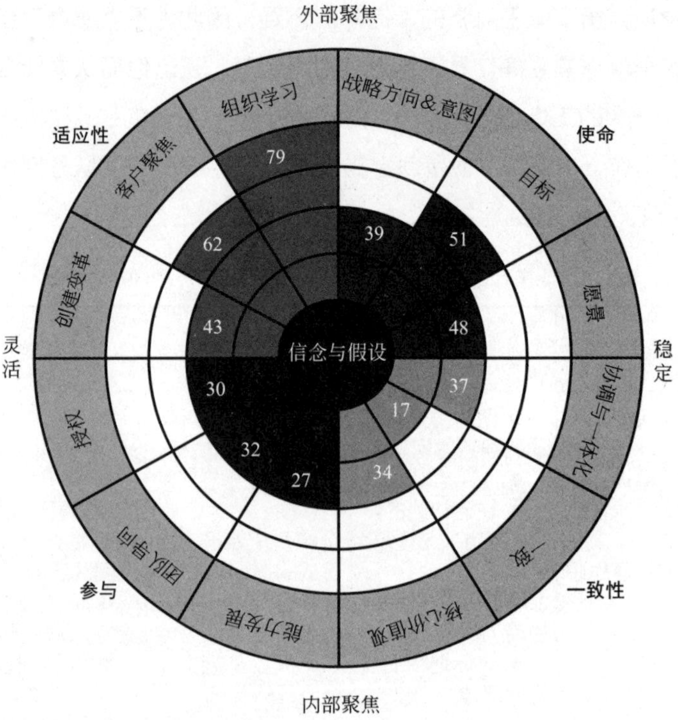

图5.3　2004年文化调研结果：HVAC欧洲分部

不同区域对于这些结果做出了迥异的反应。在销售及设计团队成员的故乡海德堡，公司商务中心在调查结果及其对于变革影响方面持怀疑态度。在首次参与会议中，他们花了很长时间才在向前推进方面达成一致。但是一旦他们取得一致意见，德国人就会以纪律和组织为约束奋勇向前。相比之下，在意大利、西班牙和捷克共和国的生产团队，最初进行了讨论，而且更能接受调研结果及采取行动的需要。他们更快地达成了一致，但是在后续活动中缺少结构化。

调查结果在一致性方面的低分数表明了一系列问题，这些问题并不能通过运用区域到区域的方法得到解决。这引发了来自4个地区的经理之间的一系列讨论，即讨论在客户、销售流程、设计团队、生产地点之间的协调与一致性。之前从来没有过这样的讨论。这迫使他们对有着若干文化层面的问题进行分类。德国人、意大利人、西班牙人和捷克人都在一个房间中考虑文化的几个层面：中心对区域的、销售对制造的、设计对生产的、北欧对南欧的、德国对其他地区的。所有这些因素都对团队成员的价值观及其共同工作的能力产生重要影响。然而，这些讨论形成了一套跨职能的测量指标，例如开展质量、销售与利润活动，迫使在欧洲组织中形成新的协作水平。

正如在北美那样，库普勒与其领导团队快速行动，在欧洲创建业务团队来跟进参与会议所形成的前进势头。在他结束这一活动时，在全球业务单位方面总共建立了30个业务团队。所建立的全球业务团队总结在表5.2中。每支团队都要形成一套标准的指标，用来定期汇报其进展，也要在公司局域网的团队页面上更新每个人的成就。尽管这一过程与美国所运用的过程有许多相似之处，但是它非常灵活。库普勒注意到：

这从开始就不是一个严格计划性的尝试。在我们界定并修订优先性的时候，它更多的是观察事物如何在一段时间中演化，并持续获得员工对于改善的反馈。我们了解到在前行时要强调的重点是什么。并且，对于文化如何触及各个方面我们也有了更好的理解。

表5.2　HVAC全球业务团队

全球	北美
核心工程	通用
技术	克莱斯勒
商贸	德尔福
业务系统	国际航空
采购	福特
评估	原型
欧洲	员工参与
通用/菲亚特/铃木	设计
战略性客户	工具组
层级1以上的卡车客户	工厂：1,2,3,4,7，桑福德服务工厂
亚布洛内茨工厂	亚洲
陶斯特工厂	亚洲商务
奇斯利亚诺工厂	安亭，中国工厂

从2004年到2005年的变化是巨大的。许多改善引起了注意，每个类别都取得了好的结果。但仍有许多方面需要努力，尤其是在一致性方面——核心价值观、协议、协调与一体化，但总体上领导团队感觉良好。正如图5.4所反映的，欧洲HVAC的运营在很多方面进步了。从财务绩效到新业务成功再到安全、质量和战略实施，每个方面都有提升的迹象。

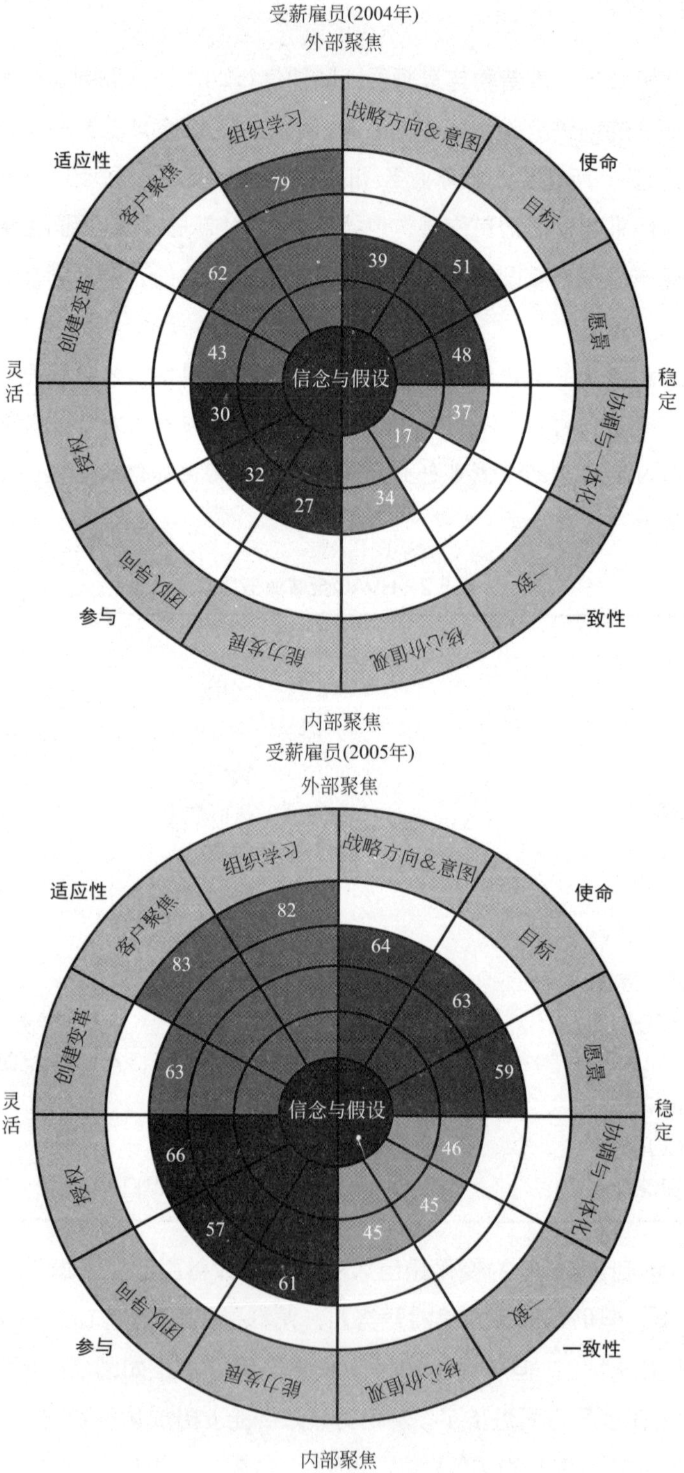

图5.4　2004年与2005年文化调研结果对比：HVAC欧洲分部

库普勒开始相信，在汽车行业里公司存活的唯一方式是加强团队，通过高管定期反馈、对所有管理者例行的发展评价、区域间的项目交流、培训与发展机会的重要拓展等，来构建个体的领导能力。但是，拥护综合性的、充分被理解的愿景也是很重要的。为了保持持续的努力，在朝向愿景的进展方面进行定期的随访和沟通也是重要的。这些变革带来了业务绩效方面相当大的改善，并使得TI公司成为一个更加健康和令人愉快的工作场所。表5.3展示了发生在2002 ~ 2006年间绩效变化的总体情况。

表5.3 改善的HVAC文化=改善的结果

项目	2002年	2003 ~ 2006年
利润	符合计划	2003 ~ 2005年：优于计划10% 2006年：NA重组
质量	每百万有37个次品	每百万有个位数次品
新业务赢得	前5年2个非通用的业务	超过20个非通用的业务
全球化	非亚洲实体	亚洲赢得4个项目 中国建立新工厂
全球领导力	5年内8位领导者	1位领导者
全球协作	无	领导TI业务 全球战略 全球团队 全球内联网 全球业务流程 全球产品设计 全球制造流程

在成功带领北美与欧洲HVAC的业务转型之后，库普勒继续领导TI公司在北美的整个运营，为制动与燃油业务以及HVAC分部负责。他也把其领导力和团队工作思想引入到这一工作单位。在2008年年中，随着新的公司CEO的任命以及新的全球性组织结构的实施，库普勒离开了TI公司。但是回顾其做出的努力，他反省到：

我们成功最重要的因素是我的老板里奇·考帕斯奇给予我和我们领导团队的自由。他信任我和我的想法。他相信我能以我认为最好的方式来运营企业。在逐字逐句读了几百本领导力和管理学方面的书籍后，我有些想法并想尝试下这些想法。他给我机会跟随自己的直觉与知识行事。而结果是令人满意的——当我们最初管理好文化变革的时候，员工更多地参与其中，在绩效上得到了实质性的提升。

领导者的经验教训

利用在美国首先形成继而被应用到欧洲的变革过程，GT汽车公司取得了成功，这对该组织和行业观察者来说是件相当奇怪的事情。在创建真正的“组织文化”时，国家文化不是被当作一个几乎无法逾越的障碍吗？各国文化不是需要其以各自的方式来为成功的组织变革形成文化输入的条件吗？当我们着眼于该案例的经验教训时，还要考虑下这些问题。

做你最熟悉的事

尽管不同的国家背景确实可能要求不同的组织变革方式，但是这个案例也让我们认识到，如何处理在诚实、开放、正直这些方面做我们所熟知的事情将会大有帮助。把好奇心、尊重和一系列你正试图运用到新背景中的清晰原则作为重要的方面，将会取得非凡的成功。

当我们运用熟悉的方式时，能更快速地创建一种结构，该结构可以运用核心原则产生大规模的影响。在美国，库普勒创建的结构包括每周业务团队会议、月度业务会议、季度目标修正会议、季度全球战略会议、每年两次且晚上举办社会活动的参与会。这一系列活动强调了变革过程，并创建了新的团队水平。这种体系架构使得公司可以在两地对转变进行管理，即由参与会议上的洞见和对话向业务团队的行动导向所做的转变。

这种方式的逻辑以及基于北美成功基础上的可信度，为变革过程提供了极具诱惑力的优势。当变革过程开始的时候，库普勒和他的同事们对过程的关键影响点非常了解，所以推进起来并没有花费太多时间。这种结构化方法的完整性似乎胜过了各个国家和地方在方法独特性方面的需求。

做事时要适应

另一方面，关于“做你最熟悉的事”的经验表达了在欧洲新环境下一套同样的原则，而不是强调要坚持TI公司的实践，理解这一点非常重要。在一致性和依从性之间存在很大的差异。这方面一个很有意思的例子是在美国和欧洲，变革过程对于“服务型学习”的反应。在美国，团队在慈善方面花费1天的时间共同工作是该过程很重要的一部分。这会在团队成员之间建立起承诺，形成一股向善的力量，他们在一起工作的目的就是为了超越其季度业务指标。但是在欧洲，该过程的这部分工作由于许多原因而不会被很好地实现。所以，他们改变了过程中的这一部分，将精力集中于用其他的方式来构建团队和承诺。

期望找到变革过程的统一方法最是一厢情愿，记住这一点也至为重要。变革几乎总是在不同的地方以不同的速度发生着。期望以统一的方法来开展全球化变革似乎同样很诱人，但这种事情几乎从未出现过。变革过程中的一致性往往是值得努力谋求的，但很少发生。旨在形成动力的变革战略每次都会挫败旨在形成一致性的变革战略。

“输出”企业文化变革：超越GT汽车公司

GT公司在跨越国界“输出”企业变革的挑战方面为我们提供了许多好的案例。这是一项艰苦的工作，但正如案例所表明的，这的确是可能做到的。所以，尽管领导全球性企业文化变革比较困难，但是公司一直都在尝试克服各自为政和分散的“全球化”公司所面临的现实困难，来创建更好的一体化结果。让我们看看在这个问题上其他一些作者的观点。

哪一种更强大：国家文化还是组织文化？

正如许多作者所注意到的，国家文化具有公司文化所无法达到的深度。[1]要形成一种国家文化需要几百年甚至几千年的时间，这一过程所形成的根基要远远超过公司所能达到的深度。[2]然而，弗洛伊德提醒我们说：“爱与工作是人类的基石。”在我们所运用的手段方面，他没有任何的提及！

---

❶ Hofstede, Geert. Culture’s Consequences: Comparing Values, Behaviors, Institutions and Organizations Across Nations. Thousand Oaks, CA: SAGE, 2001. 也可以参见Wilkins, Alan, and Ouchi, William. “Efficient Cultures: Exploring the Relationship Between Culture and Organizaitonal Performance.” Administrative Science Quarterly 28, no.3 (1983): 468-481.

❷ Gomez-Mejia, Luis R., and Palich, Leslie. “Cultural Diversity and the Performance of Multinational Firms.” Journal of International Business Studies, 28, no.2 (1997): 309-335.

毫无疑问，国籍对于那些成为我们身份核心的十分重要的工作习惯具有影响。但是，我们的习惯也是由我们工作其中的环境的许多其他方面所形成的：我们所加入的组织、我们所工作的行业、我们所选择的职业以及我们所在的工作群体。所有这些因素对我们的身份都有强烈的影响——正如以下情况所描述的那样。

两位诗人走进一家酒吧，后面跟着两位工程师。诗人中的一位是法国人，另一位是英国人。两位工程师的情况也是这样。这四个人开始聊天。你觉得在他们看待所讨论的问题的方式上面，什么会产生最大的影响：是他们的国籍还是职业？如果他们在谈论建造一座大桥会怎么样？要是谈论谱写一首歌曲呢？谈论欧盟财政政策又会如何？

当然，答案取决于他们所谈论的内容。但是说到组织文化，我们所形成的许多价值观、信念与工作实践就我们所工作其中的组织背景来说非常具有针对性。[1]例如，职业文化也具有很强大的影响。当世界各地的管理者由于工作职能的原因而聚在一起时，观察一屋子管理者们的反应是很有意思的。现在，编辑跟编辑聊着天、飞行员与飞行员谈着话、工程师与工程师讨论着、销售员跟销售员闲侃着，总是这种轻松的景象。国籍对于工作习惯的影响很快消失了。[2]

这些共同的组织经历的联系，为创建跨越国界的变革过程提供了基础。在一个国家习得的经验有时候会跨越国界用以构建变革的动力。[3]国家文化对于我们组织的方式和引领的方式都会具有强烈的影响。但是这当然不是唯一的影响。

清晰的方向让一切截然不同

本章的经验也让我们认识到，设定清晰的方向具有强烈的影响。对于前行方式正确还是错误的长期争论，很少会是一种激励因素。很有趣的是，设定清晰的方向对于团队、群体或组织如此重要，以至于精力和注意力有时候超越了实际方向本身的重要性。学者卡尔·韦克讲述了这样一个故事：

---

[1] 多年来，我们的团队已经研究了我们世界范围内文化数据方面的差异。令人吃惊的发现是，这些差异实际上非常小。在本书的附录部分，你会找到对这些研究更为详细的描述。

[2] Apfelthaler Gerhard, Muller Helen J., and Rehder Robert R. “Corporate Culture as Competitive Advantage: Learning from Germany and Japan in Alabama and Austria?”. *Journal of World Business* 37, no. 2 (2002): 108–118. 也可以参见Brock，David M., Barry, David, and Thomas, David C. “‘Your Forward Is Our Reverse, Your Right, Our Wrong’: Rethinking Multinational Planning Processes in Light of National Culture.” International Business Review 9, no. 6 (2000): 687–701.

[3] Schneider, Susan, and Barsoux, Jean-Louis. Managing Across Cultures. Harlow, UK: Financial Times/Prentice Hall, 2003.

在阿尔卑斯山中，一支匈牙利小分队的年轻中尉派遣一个侦查小组到冰雪荒野中执行任务。天很快就开始下雪了，雪下了两天，这个小组没有返回。中尉很痛苦，担心他的这次派遣让自己人步入死亡。第3天，侦查小组回来了。他们去了哪里？他们是怎样成功返回的？

他们说，我们的确认为自己走失了并等待死亡。接着，我们中的一个人在口袋里发现了一张地图。这让大家平静下来。我们搭起帐篷，经受住了暴风雪，然后拿着这张地图我们发现了方位，回到了这里。

中尉仔细查看这张非凡的地图。他吃惊地发现，这并不是一张阿尔卑斯山的地图，而是比利牛斯山的地图。[1]

对于任何变革过程来说，设定方向和构建动力都是必要的。如果我们遵循共享的文化要素——对不共享的文化要素表示尊重，就能建立起跨越国界的动力。

---

[1] Weick, Karl. Making Sense of the Organization. Oxford, UK: Blackwell Publishing, 2001.

6 在新兴市场中建立全球业务

通常，知名公司进入新兴市场主要有3个原因。第1个主要原因是，他们想把产品销售到人口巨大并持续增长的地方，那里有对其产品与日俱增的需求以及日趋提高的支付能力。因此，当德国西门子公司进入中国高速铁路市场时，他们被中国创建世界最先进铁路基础设施的规划所吸引了。这确实实现了！中国现在已经拥有了世界上最大的高速铁路网络，并在扩展铁路基础实施方面有着其他国家所无法比拟的发展计划。[1]德国的西门子，以及日本的川崎、法国的阿尔斯通、加拿大的庞巴迪，都是中国市场的主要供应商。

成熟公司进入新兴市场的第2个主要原因是，降低劳动和生产中其他因素的成本。所以，当欧洲的IT公司将其软件部门转移到印度，或者当美国纺织品公司关闭波多黎各的老厂房并在越南开设新厂的时候，他们这样做都是要降低劳动成本，即便他们的主要市场仍然是在欧洲或美国。这经常形成它们进入新兴市场的第3个主要原因：他们可以利用在那种市场上的运营作为出口平台，来服务于其他国家。

但是当公司开始将这些方式结合在一起时，进入新兴市场的过程就要复杂许多。为地方生产产品需要在营销、售卖和配送方面增加投资。在当地保护其技术也会变得更加困难。必须开发出新产品以满足地方消费者的需求。有关所有权、控制力和法律结构的选择会导致合资、联盟、合伙与并购的形成。这些决策也会推动事情发展，使得当地新兴市场运营在全球化公司战略中发挥整合作用。

不可避免地，在新兴市场中被整合到地方环境中的最后一部分是研究、发展与设计的能力。迈出这一步所需要的整合水平很难达到，没有经过多年努力形成全球化合作的心态、能力与方法的话，这种整合就不会实现。

尽管人们很容易以为，全球化战略可以通过主要关注国外直接投资、法律结构、所有权利益、知识产权保护战略、供应链管理等得以实现，但是在现实中，全球化的旅程或许是最大的一种文化冒险。并且，其赌注也相当高。只考虑下述情况吧：当通用汽车在2009年6月宣布破产时，其10亿多股份的价值还不到每股1美元。但是，当年他们在中国卖出了将近200万部车。[2]做下简单的数学运算，就能了解这是一种什么情况。甚至在一两年以后，当它们的股票反弹到20世纪30年代的水平时，总公司的价值也不会比他们之前10 ~ 15年在中国市场上所创造的价值更多。

---

❶ Gifford, Rob. “China Leads World in High-Speed Rail Tracks.” National Public Radio. November 16, 2010. http://www.npr.org/2010/11/16/131351045/china-leads-other-nations-in-high-speed-rail-tracks.

❷ Barboza, David. “G.M., Eclipsed at Home, Soars to Top in China.” New York Times. July 21, 2010. http://www.nytimes.com/2010/07/22/business/global/22auto.html.

在新兴市场中建立业务

在新兴市场中建立业务的选择是一家公司所能制定的最为重要的决策之一。该阶段以形成营销能力与生产运营为开端。对于大多数公司的全球化战略来说，对进入新兴市场所增加的销售或降低的成本进行管理并没有多少挑战。但是，由这一状态转变到地方运营在实施一体化全球战略中扮演关键角色的状态，其路径要求还是很高的。让我们考虑下通用医疗集团在上海附近构建中国业务的案例。[1]

以愿景来引导

通用医疗集团于1991年首次进入中国市场。本章我们讲述的故事集中于他们建立麻醉业务的努力。从全球来看，通用涉足麻醉业务开始于2002年对芬兰德恩－欧美达（D-O）公司的并购，该公司是麻醉设备方面的全球领导品牌。在并购之前，D-O在中国销售高端机器的数量有限，但是并购之后，它们开始在通用医疗所在地无锡生产D-O设备。

在手术室中，麻醉机是必需的：在外科手术期间，它们为病人提供麻醉和氧气。通用公司估计，该市场将会以每年8%～10%的速度增长，这部分是因为中国农村医疗改革将把80%的农村人口——将近7亿人口——纳入到国家医疗保险系统中。

2006年，随着通用对总部也在无锡的家族企业Zymed的并购，其在中国市场的开拓速度加快了。Zymed 利用“改自”D-O公司的技术生产和销售麻醉机和呼吸机，通用将其并购后重新命名为无锡临床系统公司（CSW）。Zymed在中国低端麻醉剂市场上处于领导地位，估计市场份额为20%～25%。之后，通用将D-O公

[1] Denison, Daniel R., Xin, Katherine, and Zhang, Lily. “GE Healthcare Life Support Solutions (A): Entering a New Global Market.” Lausanne, Switzerland: IMD Business School, IMD-3-2074, 2009; Denison, Daniel R., Xin Katherine, and Zhang, Lily. “GE Healthcare Life Support Solutions (B): A Vision-Led Integration.” Lausanne, Switzerland: IMD Business School, IMD-3-2075, 2009; Denison, Daniel R., Xin Katherine, and Zhang, Lily. “GE Healthcare Life Support Solutions (C): Positioning for Quality and Growth.” Lausanne, Switzerland: IMD Business School, IMD-3-2076, 2009.

司并入CSW，形成其麻醉业务的一部分。

Zymed由崇氏家族的领头人创建于1988年。10年之后，他的4个孙子接管了生意，并将其发展成市场的领导企业。这4个孙子都是优秀的商人。他们把中国的市场划分为4个区域，每人负责1个区域。在2004年和2005年，他们每年售出了大约900台机器；2006年该数字达到了1200台，这一年Zymed被通用医疗集团收购。CSW的运营经理郭颂评价说："Zymed的组织结构很简单。它有梦想，但是没有长期战略。它有节俭的文化，也有基于透明奖励体系的执行力。在其10年的发展历程中，员工们在收入上得到很多利益。"

但是，像许多中国家族企业一样，Zymed不太关注内部控制。公司几乎没有愿景和控制系统。其现任总经理把大部分时间都投入到市场销售方面，但没有为建立全球麻醉业务价值而形成战略计划。在快速增长的市场上，由于需求总是超过供给，这种战略可能还并不重要。但是，当通用医疗集团决定要购买Zymed的时候，质量很快就成了一个问题。有那么一段时间，由于客户投诉和质量问题，他们不得不停止机器销售。此外，他们的市场份额也在萎缩，因为他们缩减了分销渠道以确保符合通用内部的质量要求。

所以，在2007年下半年，通用任命马蒂·雷赫托宁作为业务新的总经理。从文化的角度看，雷赫托宁在许多方面对于通用的工作来说都是一个很好的选择。他生长在芬兰，作为工程师接受过培训，过去为D-O而努力工作。他过去25年在中国，从事电子制造领域的工作，精通普通话、葡萄牙语、德语以及芬兰语和英语。

构建管理团队

雷赫托宁很快就重新组建了管理团队，该团队囊括了通用公司所有经验丰富的人。例如，在通用医疗工作10多年的运营总监麦琪·张，有7年通用工作经验的全球采购经理张玉坤。雷赫托宁也从通用医疗招募了新的财务经理以及有着长期通用工作经验的人力资源经理。这些团队成员强烈认同通用的价值观，这是进行下一个整合阶段所必需的：把强烈的愿景、使命和战略意识注入组织中，并重塑所有员工的思维模式。这些经理在处理来自通用总部的要求方面也很有经验。他们的全球采购经理注意到："许多要求来自于EHS（环境、健康与安全）、人力资源、财务和其他职能部门。通用的文化是非常具有侵略性的。你必须在很短的时间内结束许多事情。"

愿景导向的战略

雷赫托宁及其团队为CSW规划了愿景并制定出战略路线，把CSW的长期目标与其运营活动和短期紧迫任务联系在一起。然后，他与管理人员一起为关键职能部门例如营销部、运营部和工程部创建了图景。接着，他们为战略路线的实施创建了行动计划。下一步是要在全公司推广这些思想。他们每月召开全员参加的员工大会。在每月和每季度的员工大会和其他管理人员活动中，雷赫托宁及其管理团队重申愿景、使命和通用的价值观，并继续改善其战略路线。

马蒂也会运用一些“特殊的工具”。他在自己办公室的门两旁贴上了中国诗意的对联，可以翻译为“压力是动力”“工作即幸福”，以及横批“服务病人”。这副对联引起了每一个人的注意，对于中国员工来说，看到传统的对联出现在外国总经理办公室的门外是件有趣且独特的事。他的办公室位于办公区域的入口附近，所以，大家在每天上下班时都会经过其办公室。

为了表明公司期待和推行的行为，管理团队在各种场合对员工进行了许多奖励。例如，他们奖励一支跨职能部门的团队，该团队由来自采购、工程和运营部门的员工组成，并打破纪录解决了一个质量问题，从而确保可以将产品按时运送给客户。领导者发出了一个明确的信号，即奖励意在提升：①客户和质量优先性；②跨职能部门的合作；③努力工作的意愿；④让不可能事件变为可能的态度。这些优先性也很好地适应了通用的5个成长特征（外部导向、思路清晰、包容、专业和想象力）。最重要的是外部导向，这意味着客户和质量首当其冲。从Zymed原有的销售导向文化来看，对于质量的关注是一个很大的改变。

追踪进展

通用医疗集团在2007年年末和2009年年初运用我们的组织文化调研来追踪其进展。图6.1展示了2007年年末，在雷赫托宁进入董事会几个月之后，CSW3个部门即运营、监管和研发的表现结果。

这些结果显示出一些有意思的对比现象。管理方面的分数最低，这似乎反映了管理团队对于现状没有耐心，以及他们对于聚焦客户还遥不可及的看法。愿景和学习是他们的最高分，反映出他们在最初几个月所追求的一些优先内容。像许多中国公司一样，他们也将能力发展视为非常需要改进的领域之一。

研发和运营方面的分数会好一些，但是也出现了要同样优先改进的许多内容。

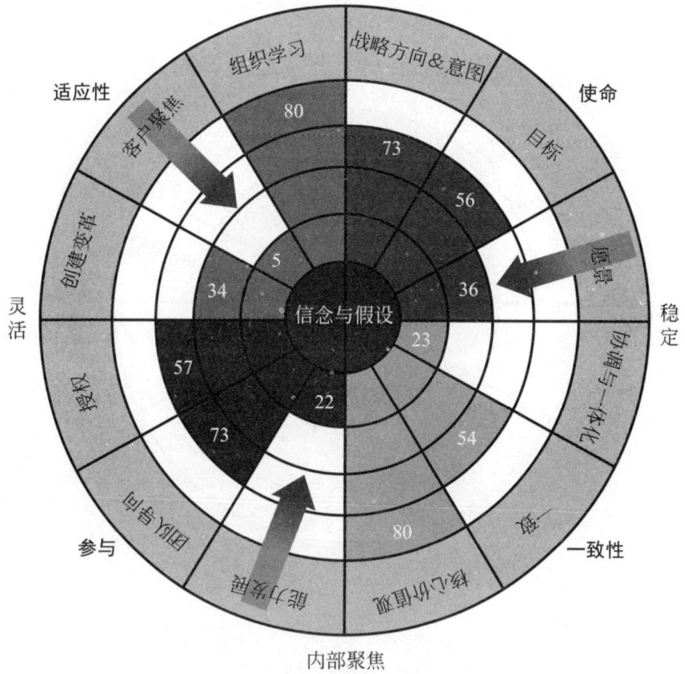

运营(2007年)

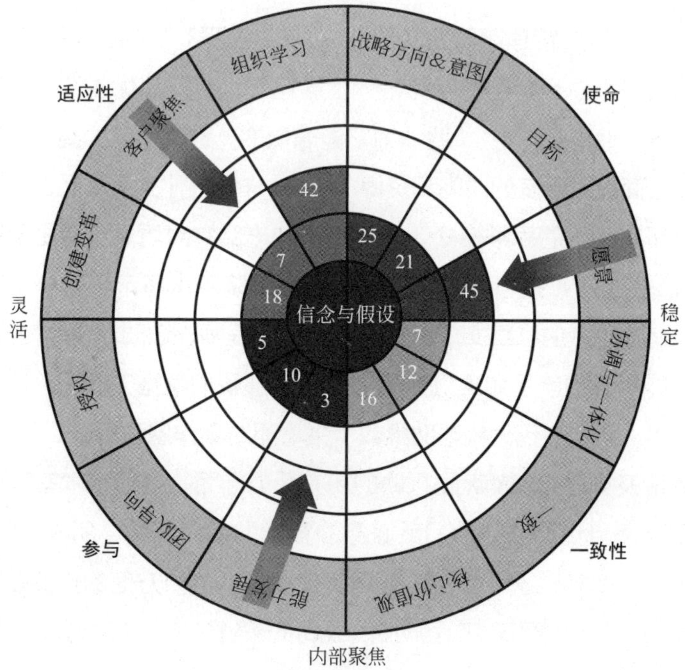

管理&监督(2007年)

图6.1

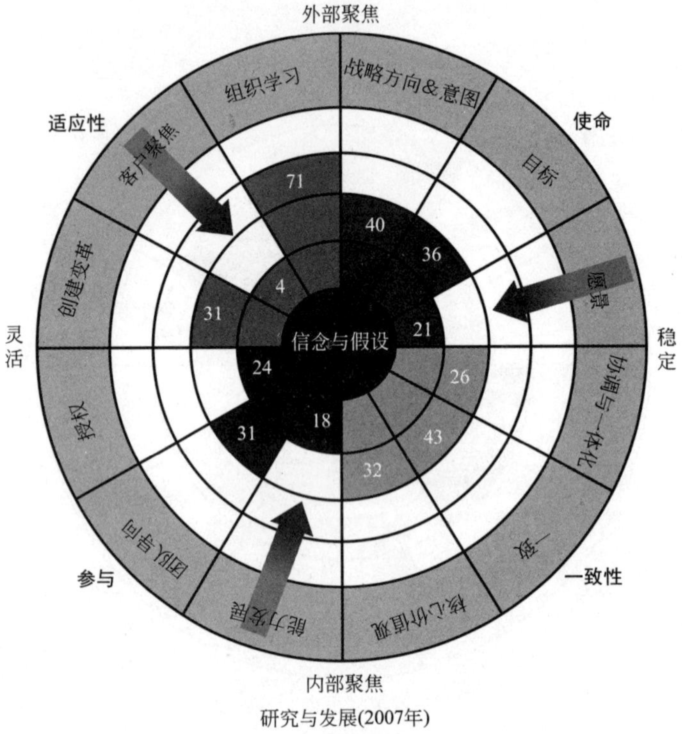

图6.1　2007年文化调研结果：通用健康，无锡临床系统（CSW）

在经过广泛讨论之后，管理团队决定要在来年集中于3个主要的重点内容：愿景、聚焦客户、能力发展。当我们询问马蒂·雷赫托宁，就行动优先性来说他认为这意味着什么的时候，他停了下说：“我认为它能表明的一件事就是，我们应该在已经着手的一些事情方面投入更多的时间和资源。”他这样说是什么意思呢?

为了重塑所有员工的思维模式，尤其是设计产品并对质量负有主要责任的工程师们的思维模式，CSW把各部门的工程师送到医院手术室亲眼了解其产品是如何帮助医生拯救病人生命的。凯文·孟，一位机械工程师，激动地说：“当我在手术室里的时候，我能想到的就是如果机器无法工作，那我们就害了病人。另一方面，当手术成功的时候，我就会因为我帮助拯救了生命而对工作感到自豪。”

这种介入触及到了CSW优先行动的所有3个方面。参观手术室不仅阐明了他们的工作目的，而且也厘清了他们所服务的复杂的客户网络：病人、医生、护士、医院和保险公司。此外，这个项目也证明了在工程师能力方面的投资是宝贵的，并在招募战略中成为他们吸引新工程师加入公司的关键内容。其他的行动计划和优先内容也在管理团队、内部及全员会议对调研结果的讨论中产生出来。

在接下来的一年，CSW发生了巨大的改变。正如图6.2中所表明的2009年

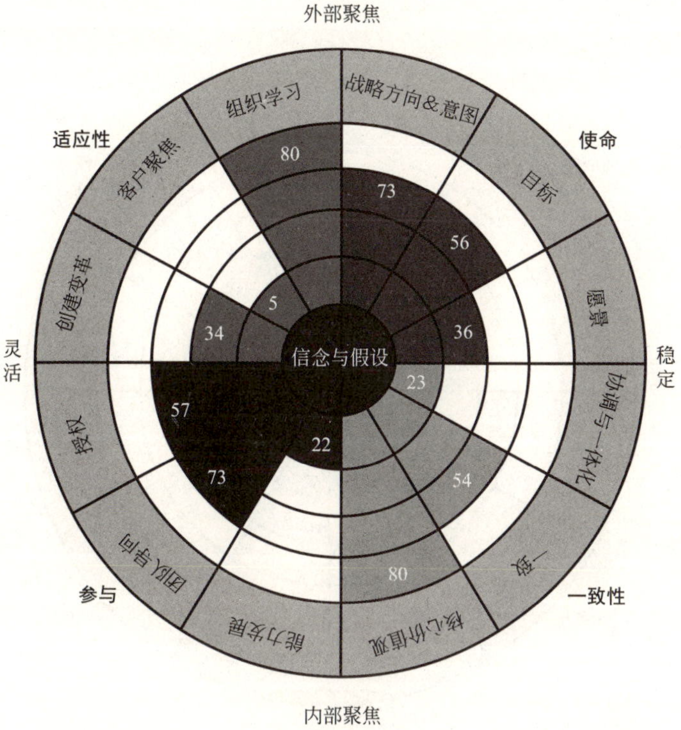

运营(2007年)

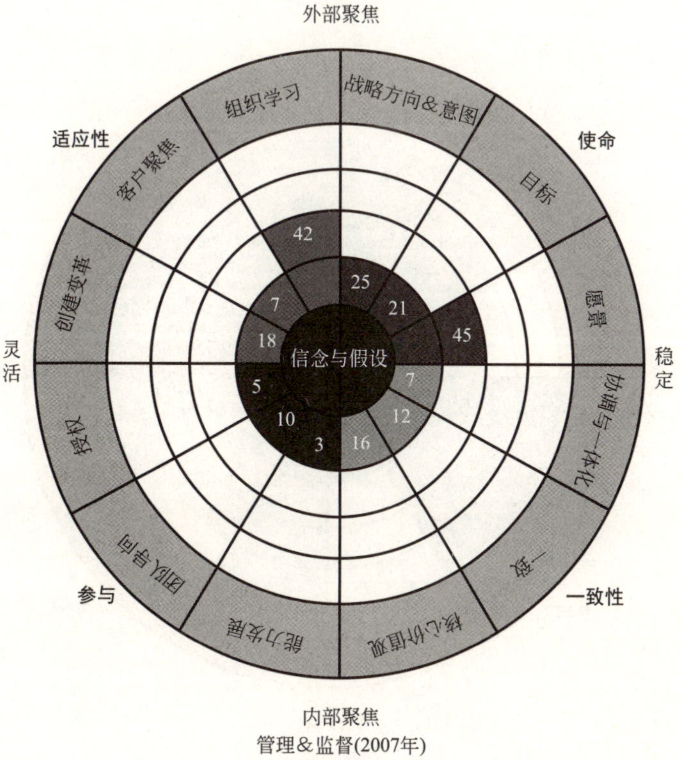

管理＆监督(2007年)

图6.2

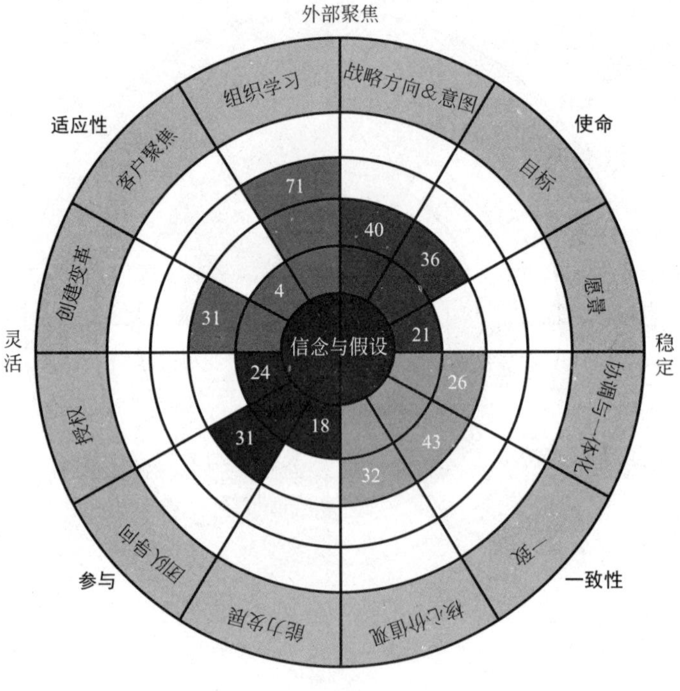

研究与发展(2007年)

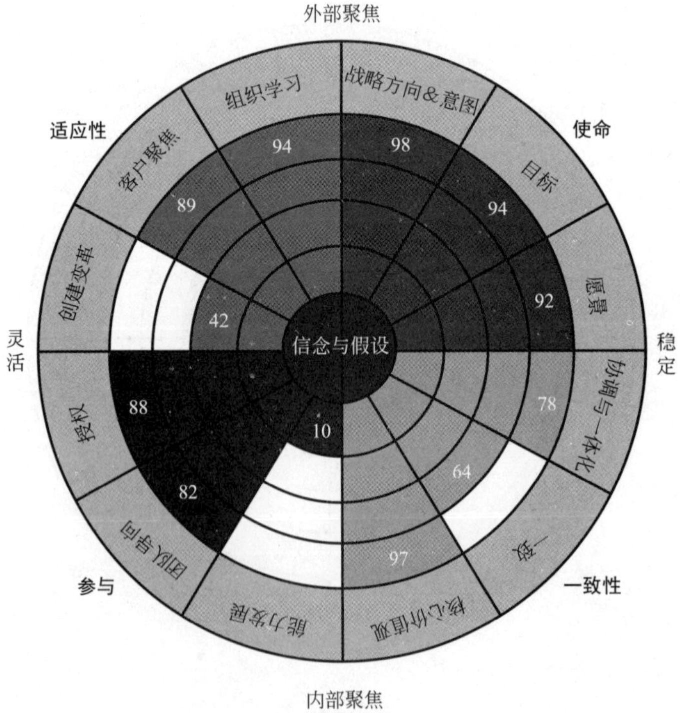

运营(2009年)

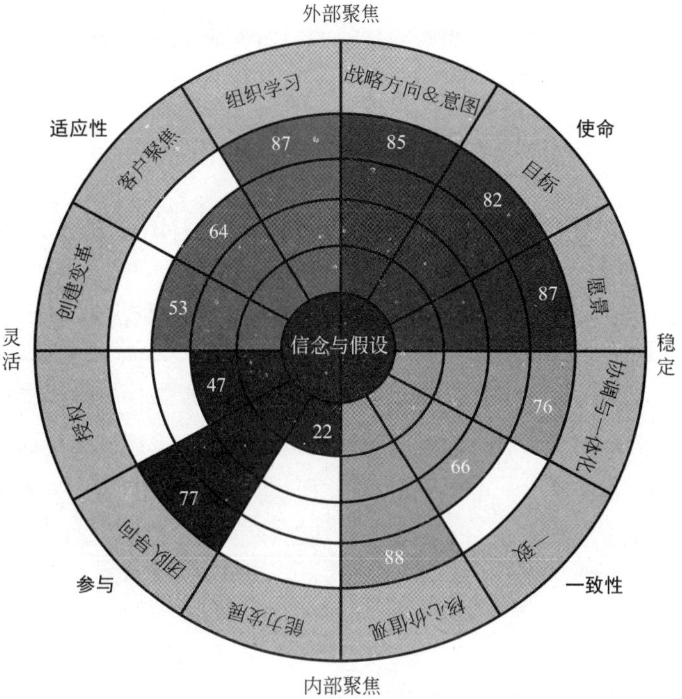

管理&监督(2009年)

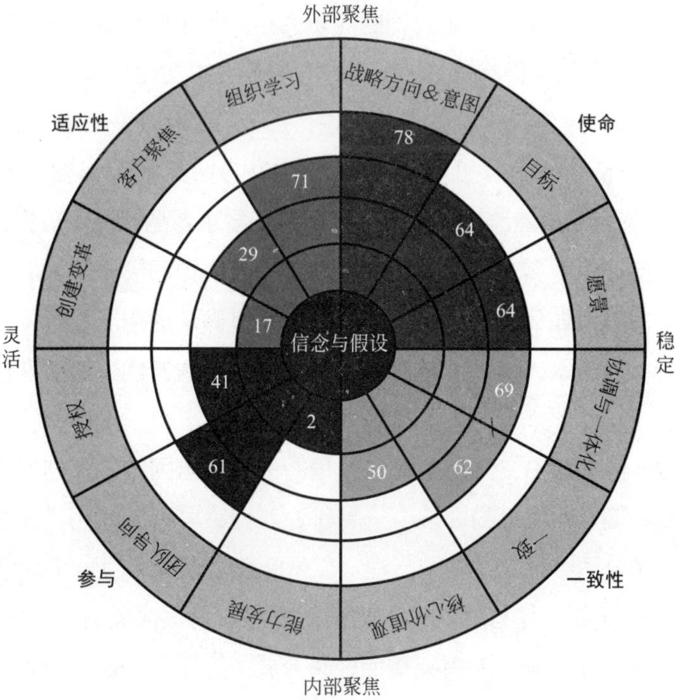

研究与发展(2009年)

图6.2　2007年与2009年文化调研结果对比：通用健康，无锡临床系统（CSW）

年初的结果，他们几乎在所有的方面都取得了巨大的进步。显然，他们也明确了对于能力发展这项最大挑战的关注。尤其是在研发和工程方面，CSW处于对人才的激烈竞争中。

我们在通用医疗（中国）中的角色

我们与通用医疗（中国）的合作开始于2007年，此时，新任命的总经理马蒂·雷赫托宁参加了我们在上海组织的会议。自那开始，我们一起组织了他所规划的转型过程。我们与领导团队碰面听取结果汇报，并帮助推动其所规划的会议。我们也在英国和中国的公司中展开了一系列访谈，以了解公司以及它们试图实现的转型。我们书写了国际管理发展学院（IMD）关于通用医疗（中国）的教学案例，并于2009年将其出版。

1种文化还是3种文化?

对于调研结果的讨论再次把公司的注意力聚焦到了组成公司的4类不同的人群中：原有的D-O文化、原有的Zymed文化、通用的文化以及那些从外部新雇佣员工的文化。对于D-O文化中的员工来说，加入CSW似乎在走下坡路——CSW的产品线集中于价值细分，机器也不如之前D-O产品线那么复杂或昂贵。来自Zymed的员工不习惯这些流程和系统，觉得这些要求老是让他们放慢速度。他们更加以销售为导向、机智多谋并具有企业家精神——也更习惯于等候老板的指令。通用的员工则努力思考如何让业务运行良好，并使其遵从通用流程纪律与质量方面的全球指导方针。新进入人员会怎样呢？他们往往分不清方向，对情况的复杂性感到有点困惑。

尽量兼顾3种不同的文化使得整合过程的进展非常困难。在创建统一标准的尝试中，至少存在着3种强大的影响。一是作为流程领导者的通用，正在付出全球性努力以在所有子公司中建立共同的流程；二是麻醉领域里的领导性品牌D-O，有着自己先进的流程规则，并与新的统一的通用流程具有很大差异；三是Zymed，它几乎没有清晰表述的流程，但有完善的处事方式。这使得创建一个“从零开始”的优势变得非常困难。并购前在Zymed工作的机械工程师凯文·吴这么评论：“新的（通用的）流程是以美国食品与药物管理局（FDA）的要求为基础的。它的水平对我们低起点公司来说太高了。”

工程经理露西·景承认，新的通用的流程放缓了工程师的工作速度，尽管她认为该流程从长远来看会具有优势。但是新流程的确让工程师们感到沮丧。凯文·吴说："似乎没有人意识到一个好的流程对于工程师来说意味着什么。我的理解是，一个好的流程就像是高速公路上的路标。有了好的流程，你就会清楚地知道该如何做事……工程师是那些喜欢问'为什么？'并找到答案的人……但我们这里既没有清晰的路标，也没有回答问题的人……没有流程，有时候你不得不花费一天多的时间去做本可以在1小时就完成的工作。”

D-O的机械工程师凯文·孟附和凯文·吴说："我们不能运用D-O的流程，因为这里没有支持系统。但是新的流程又不清晰。当你对流程感到迷惑而去询问其他人时，似乎没有人知道方向在哪里。”

质量改进还是新产品开发？

由于之前Zymed产品的安装基础量很大，CSW继续销售这些产品并提供服务。前Zymed的工程师最初模仿了D-O产品的设计，但并不理解所有的基本设计原则。所以，如果不是不可能，也是很难去把问题追溯到最初的设计蓝本。因此，无论何时他们接到客户的投诉，都会去找工程部门。工程师们不得不弄明白问题是什么并形成解决方案。

对于通用医疗和CSW来说，每一个客户投诉都是一件很严肃的事。这意味着，质量问题耗费了大部分的工程资源，并牵涉了工程师开发产品的精力。工程经理露西·景说："部门不得不把90%的工程资源投放到维护工作中。如果我能从零开始，把90%的工程资源都用于新产品开发，我们就能把质量问题降低80%。”

但是，CSW又不能只是把客户订单与客户投诉搁置一旁。他们也不能简单地把更多工程资源配置到新产品开发方面。尽管通用对业务是支持的，但实际上在招募新员工方面要得到批准是不容易的。甚至当他们这样做的时候，要吸引有才干和有经验的工程师到无锡这个只有500万人口、距离上海2小时车程的二线城市工作也是困难的。CSW已经着手开发新产品，但是由于缺乏工程资源而速度很慢。项目领导人古格·吴这样总结其进展："我们有新产品设计的时间表，从M0到M5。现在我们的新产品处于M0的阶段，要搜集信息、界定产品以满足市场需求。”

朝向全球性战略

尽管困难重重，但是与2007年销售到医院中的产品量相比，CSW在2008年仍然成功地将销售增加1倍。出口到印度和越来越多到中国和俄罗斯的产品在总量上增长了40%。在能创建全球化、价值细分的设备业务方面，新麻醉机的进展是缓慢的，但是2010年，CSW引进了新的“9100c”型机器，并将其销往全世界的新兴市场。虽然该机型仍未满足美国食品与药物管理局（FDA）对于美国或西欧市场所必需的要求，但是这向前迈出了一大步，并为解决质量和流程问题奠定了基础，这些问题是CSW从无锡基地构建全球业务所必须解决的。

领导者可借鉴的经验

在5～6年的时间内，通用医疗集团在中国取得了巨大的进步。它们在当地市场建立了强劲的地位，并开创了出口业务，首先集中于印度和巴西，然后是俄罗斯。以这些成就为基础，它们通过把无锡建成麻醉业务细分市场的中心，并开发新产品以服务于该基地的全球价值环节，从而在全球麻醉领域中扮演着日益重要的角色。该业务的领导者马蒂·雷赫托宁随后得到晋升，领导通用全球麻醉业务。让我们看一看从这些进展中我们能得到的一些经验。

愿景再次取胜

同其他几个事例一样，该案例很好地证明了引人注目的愿景的力量。最初，雷赫托宁以愿景来进行领导——而不是以战略、流程、质量或营销——必然不是一个受欢迎的或被理解的决定。无锡的许多员工，以及通用其他部门的管理者，都质疑这种方法的作用，并经常对在员工大会上花费时间谈论愿景表现得没有耐心。

但事实证明，花费在愿景上的时间对于转型是很有必要的。他们在员工大会上所阐明的共同目标，为该业务的未来战略给出了依据。它为D-O和Zymed整合生产流程提供了理由，为尽快解决质量问题的紧迫性提供了理由，同时他们也努力实现产品升级以及完整的产品再设计。该愿景帮助他们理解了所面临的短期与长期优先事件紧密结合的情况。从更长远来看，对于愿景的关注也为无锡领导全球麻醉业务的价值环节奠定了基础。

刚开始，关注长期愿景是很困难的。在当时紧迫的质量问题尚未得到解决的情况下，在全员大会上对此投注时间更是困难。但是，这一战略选择最终获得了丰厚的回报。一个小的愿景往往会让你走得很远。

组织亚文化遍及各处

在许多方面，要克服的最大障碍不是美国跨国公司在中国构建业务的全球化挑战，而是在欧美达（Datex-Ohmeda）和Zymed的组织文化差距之间搭建桥梁的挑战。这些组织都是中国公司，但是它们的不同就像是硅谷初创企业与铁锈地带的制造商之间的差异一样，它们还曾是竞争对手。在将其整合为一体的同时还要让两者都运行良好，这是一个根本性的挑战。第一步若不成功，其余的也都不可能实现。

这种混合文化的“美国”部分也非常有趣。最初，通用全球标准如果不是完全不可达到的，似乎也是野心勃勃的。处理与公司总部的关系，大多意味着要在遵从公司标准方面开展许多行政管理工作。但最终，受美国食品与药物管理局（FDA）驱策的通用公司的标准，在将D-O和Zymed这两家公司合并为一体方面发挥了至关重要的作用。没有通用公司的标准，就不会有D-O与Zymed两者朝向共同点的演化。除了通用公司的标准以外，美国文化还表现在许多方面，不过可以肯定的是，“美国”的商业文化在无锡产生了最大的影响。

理解在工作习惯与组织文化方面的国别差异是极为重要的。但是如果在决定劳资关系方面有反对国家文化主导力量的有力证据，那么就会存在大量具有独特文化的公司，这在世界上每一个国家中都是如此。个体组织具有独特的历史和背景，并以独特的方式成长。在每一个独特组织的内部，将各部门适配在一起的逻辑的关键部分即文化中，都有着独特的亚文化的混合体。这都增加了复杂性。中国组织不太像美国的组织或瑞士的组织。所以，关注于我们在世界范围内运作时每一家个体公司的独特方面，并注意其内部的亚文化是很有必要的。

收购“竞争对手”

该案例中较有趣的一个部分是，当通用并购Zymed扩张进入中国市场时，他们实际上是收购了一家最初依从D-O公司“改进”其技术的企业[1]。之后，Zymed进一步发展这项技术以适应中国市场。尽管不是没有先例，但是这仍然是一项不同寻常的并购战略。该战略的优势很清楚：在当地市场消除一个模仿者和竞争对手是很具吸引力的，快速获得Zymed已经建立的市场地位和分配网络也是有吸引力的。自然增长战略则会花费更久的时间。

最终，令人惊奇的是，整合挑战很少来自于Zymed“改进”D-O技术的方面。在Zymed被通用收购之时，技术上的差异已经很大，仍然需要对一套基于通用的新的设计与生产原则进行界定。这表明，这里超越了对曾是竞争对手的两家公司进行并购而带来的一般性挑战，通用并没有为此真正付出过代价——也没有基于之前Zymed和D-O技术之间的联系获得多少真正的利益。

在新兴市场中构建全球业务：超越通用医疗集团

对跨国公司如何扩张至新兴市场的研究由来已久。但是在过去10年中，这一扩张过程已经急剧加速了。速度的加快和复杂性的增加，使得公司管理文化变革与整合的能力受到重视。核心信仰与价值观以及工作实践的冲突已经成为日常工作中的一部分。管理文化复杂性的能力是一种强大的力量。该力量在被利用时，可以在创建全球性公司文化中成为关键要素；而在被忽视时，文化分裂对于战略的和运营的整合来说，都是一个主要的障碍。

全球化理论：从过去到未来

过去全球化的方法已经表明了进入新市场的3个不同阶段——所有权阶段、本地化阶段、国际化阶段。[2]这些阶段经常被用于描述一家公司全球化战略的演进过程及其进入单个市场的独特方法。公司经常是通过由位于成熟市场中的基地将产品出口的方式而开始进入新兴市场的。接下来它们会转向所有权——它们在那个市场中并购或者创建一家公司来代表其业务。所有权之后的阶段是本地化，因为公司逐渐

[1] 正如之前所提到的，通用并购这家公司时，它的名字是Zymed。在并购之后，他们起了新的名字CSW(无锡临床系统)，指的是德恩-欧美达（D-O）与Zymed的结合。

[2] Dunning, John H. Multinational Enterprises and the Global Economy. Workingham, UK: Addison-Wesley, 1992.

将生产和随后的工程及本地设计职能转移到新兴市场，以服务于该市场或作为从该市场出口的基地而提供服务。在最后的国际化阶段，公司朝着在新兴市场中创建一体化运营的方向发展。

但是今天，关于公司在新兴市场中的成功机会，这些基本的经济决策不会赋予我们太多信息。在新兴市场中，要建立公司的影响力和承诺从而获取当地资源，所有权的作用是很重要的。本地化也很重要。一家公司不需要拥有一切或是出现在每个新兴市场的每个街角，但是如果没有创建强大的本地组织的话，公司就不再能进入大众视野。

第3个阶段国际化在全球扩张方面已经比过去要重要得多。国际化的质量已经成为全球化的重要前沿。全球化公司必须证明其构建本地组织方式的优势，而这种组织的质量将决定公司的成功。

考虑一下辉瑞公司在中国的发展经历以及该公司与上海制药集团合资经营的情况。过去10年，辉瑞在医药行业中一马当先，在上海建立了研发基地。为了保护知识产权，许多公司都避免在中国显示其关键的研究能力。但是最近，辉瑞已经把所有的抗菌研究都转移到了这里。它们为什么还要继续以这种方式投资呢？这方面非常有吸引力，但也许最引人注目的因素是，在未来10年中国会培养出惊人数量的生命科学专业的毕业生。其他的医药公司，例如葛兰素史克（GSK）、诺和诺德、赛诺菲-安万特，也沿袭了这种路径。这一趋势表明了内包世界级知识工人对于西方公司的重要性，而不只是外包低工资的制造岗位。

或者考虑下通用2000年在班加罗尔成立的约翰 · F. 韦尔奇技术中心。通用看到了外包的局限性，并开始建立其自己的技术中心，为自己提供印度市场上知识工人的所有优势。最终，这些战略的成功依赖于跨国公司成为一流人才"磁石"的能力。当它们形成了争夺一流人才的能力，并利用这些人才来构建其在新兴市场中全球性组织关键要素的时候，它们将把自己打造成全球领导者。

作为竞争优势的文化

在文化运动的早期，研究者指出，公司独特的文化是最为重要的资源之一。[1]建立一种积极的文化要花费很多时间，而维持这种文化要花费很多精力。所以，试图

[1] Barney, Jay. "Firm Resources and Sustained Competitive Advantage." Journal of Management 17, no. 1 (1991): 99–120.

建立竞争性组织的行业新进入者，已经开展了大量的工作。它们可以获得技术授权，建立生产能力，创建分销网络，租用办公场所。但是，这些都不能给它们带来持续的竞争优势，除非它们也能建立一种独特的文化，用一种亲近其员工内心和思想的共同逻辑将各个片段拼接在一起。

这是一个相当大的挑战，因为当今在全球规模上，创建一体化组织的文化带宽供给匮乏。这部分是因为整合全球性公司的必要技能实际上对于该公司来说非常独特。的确，我们总是需要从外部雇佣人才队伍，但是没有在内部形成这种能力的公司将一直处于劣势。当公司试图实现从追赶他人向成为无人能效仿的行业领导者转变的时候，尤其如此。

在新兴市场中，很明显，这种挑战是最大的。竞赛已经开始。赢取人才之战的努力，以及只是简单地把合适的人安放在合适的岗位上，都会让我们每天疲惫不堪。而且仍然有更多的职位要被填充！但是，当我们进入全球竞争这个令人兴奋的新时代的时候，真正的目标将是构建非凡的组织能力，实际地说，是构建公司未来的竞争优势。

7　借助新兴市场建立全球业务

过去10年，新兴市场中备受瞩目的公司出人意料地大举进入“成熟”市场。这些公司通过自然成长以及在其他新兴市场收购公司而得到扩张，但是它们也通过在发达市场收购知名公司得以拓展。这种现象并非只发生在某一个行业中。在汽车、电脑、医药、采矿以及奢侈品行业中，都可以看到新兴市场中的公司收购发达市场中的公司的例子。这些例子包括联想（中国）购买美国的IBM；安贝夫（巴西）购买英特布鲁（比利时）创建英博，之后买下安海斯－布希（美国）；印度米塔尔钢铁接管欧洲钢铁企业阿赛洛，成立了阿塞洛米塔尔；鲁宾制药（印度）收购霍默森制药（德国）；兖州煤矿有限公司（中国）买下菲利克斯资源有限公司（澳大利亚）；中国海淀控股收购手表制造商绮年华（瑞士）。类似的案例还有很多。

波士顿顾问集团（BCG）几年前注意到这一趋势，并开始公布“全球挑战者”名单。[1]这些组织来自于新兴经济体，在业务全球化方面都是最成功的。全球挑战者主要来自金砖国家（巴西、俄罗斯、印度、中国），例如中国建筑工程总公司、中国正泰集团、巴西航空工业公司、巴西马可波罗客车制造公司、印度巴帝电信、印度鲁宾制药、俄罗斯天然气工业股份公司，这些公司正在直接与其本国的知名跨国公司争夺全球领导权。[2]但是，新兴市场中进行全球扩张的公司数量增长得如此之快，以至于2011年BCG增加了新的类别：全球挑战者荣誉晋升榜。首批荣誉晋升者包括巴西的淡水河谷矿业公司，这是本章我们谈论的焦点。淡水河谷在2006年是一家全球挑战者公司，但现在看起来更像是一家知名的跨国公司。

新兴市场公司如何成长为全球挑战者呢？研究表明，新兴市场中的公司追求跨境收购以获取诸如技术、资产或品牌方面的能力。它们通常历经3个阶段来实现这种做法：它们从本国开始，通过向相似的临近市场拓展而国际化，并最终进行全球化。它们在每一个阶段都学到一系列经验，并能将其运用到下一个阶段。[3]这种学习过程的一个必要部分是组织文化对于全球环境和全球角色的适应。为了获得成功，它们必须边做边学。它们可能制定了完善的系统和流程以执行战略，但是如果不能快速学习并适应其文化，那么它们便不可能成功。

适应过程的第一阶段关注本国市场上组织现状的改善。组织必须在内部适应创

---

[1] Aguiar Marcos, et al. “The New Global Challengers: How 100 Top Companies from Rapidly Developing Economies Are Changing the World”. Boston Consulting Group, May 2006.

[2] Verma, Sharad, et al. “Companies on the Move: Rising Stars from Rapidly Developing Economies Are Reshaping Global Industries.” Boston Consulting Group, January 2011.

[3] Kumar, Nurmalia. “How Emerging Giants Are Rewriting the Rules of M&A”. Harvard Business Review, 87, no.5 (2009): 115-121.

建一种强大而统一的文化，这是成长的基础。在第二个阶段，组织通过与本国最为相似的市场和产品的扩张来试水，并通过合营、战略联盟或收购来进行多样化。这些发展使得组织可以再次让其结构、文化和商务实践适应国际化的要求。最后，为了创建真正的全球化影响力，组织通常以自然成长和收购成长两种战略向前推进，建立可持续的全球足迹。为了成功驾驭这3个阶段，组织必须紧密地将其文化适应性与战略目标匹配在一起。

我们将在本章通过这3个阶段来关注淡水河谷公司的发展。2001年，它们还是一家等级制但分权化的铁矿石公司。在一家分权化的公司里，怎么可能具有等级制自上而下的文化呢？在淡水河谷的案例中，该公司是由相互独立的矿山组建起来的。每一个采矿作业的负责人在其要达到的业绩方面，都有来自总部的明确指令，但是这些领导者如何实现其业绩则取决于他们自己。这些矿山通常与里约热内卢的公司总部相距甚远。

在演进的第二个阶段，淡水河谷公司集中于转变成一家国际性组织。这一次，钟摆开始转向组织的集权化和专业化。公司经理开始从更多一点的自由与自治中获益。在第三个阶段，淡水河谷成长为一家知名的、高度专业化的全球性公司，具有更高适应性和开放度的文化。这使得钟摆又转回到分权化和授权，但此时其专业水平要高得多了。到了2011年，淡水河谷已经取得了出色的业绩，并由于进入全球挑战者“荣誉晋升榜”而得到认可。

成为全球挑战者

1942年，巴西政府取得了两个矿业公司和一条铁路的控制权，并创建了淡水河谷（Vale）的前身巴西淡水河谷公司（CVRD）（简单起见，我们本章将该公司称为Vale，尽管在2007年采用Vale作为全球商标之前该公司以CVRD而著称）。随着公司的兴盛和成长，在采矿和铁路运营的基础上，公司又增加了航运与港口管理业务。它的现代化时代开始于1997年，巴西政府开始对铁矿石公司进行私有化。淡水河谷于2001年3月被全面私有化，罗杰·阿涅利于当年7月被任命为CEO（为了保持淡水河谷的文化，我们在本章中把阿涅利先生称为罗杰）。根据公司文件，他为淡水河谷提出的愿景是：“成为全球性的以矿业为重点的多业务公司，以及物流和能源相关业务中主要的全球性竞争者，2010年的市场价值达到250亿美元。”

处理好巴西业务

当罗杰接任CEO的时候，淡水河谷刚开始着手调整其作为私有公司的身份。他们仍然作为一家政府所有的铁矿石公司来运营。在此期间，淡水河谷将自身描述为“世界最大的铁矿石和球团矿的生产商和出口商之一。我们通过市场资本化成为美洲最大的多元化矿业公司，并成为巴西最大的公司之一。”❶

为了成为国际化铁矿石公司继而成为全球化矿业公司，淡水河谷必须改变思维模式及其组织结构，同时拓展其国际化运作。最大的思维模式的改变是，要求其领导者将淡水河谷视为一家公司。这说起来容易做起来难。2001年，淡水河谷的文化还是分裂的，由一系列矿山的文化组成，大多数情况下这些矿山像独立的封地一样运营。淡水河谷的每一个业务群体都各自为政，没有实现统一的后台操作。这导致了大量不同的特有风格，公司的后台操作——财务、采购、物流、会计、人力资源以及运营——都是以这种方式组织起来的。财务总监评价说，当时与供应商之间的许多关系都只不过是基于一次握手言欢。对于新任经理来说，很难理解淡水河谷做出的是什么类型的承诺，其中的某些关系又如何被更加正式地建立起来。这就赋予淡水河谷公司一种之前提到过的不太寻常的公司文化——非正式，而又等级制和分权化。

早期，罗杰的重要任务之一是创建“一个淡水河谷”。这意味着，在这一过程中的第一步是朝向更加集权化的模式迈进，该模式将消除存在于整个公司的独立封地。为了做到这一点，淡水河谷开始在人力资源、财务、供应链、会计和其他流程方面进行工作标准化。这包括引入标准的订单流程、正式的合同流程（而不是握手）、一致的财务审计、定期的绩效评估以及更多的内容。处理好巴西的业务意味着在所有的职能部门和运作方面都引入专业化标准。这些新的标准有助于减少各个封地的权力，这与把相同的财务绩效测量标准引入所有的采矿作业中是一样的。这意味着文化慢慢地从局部封地转变到更加专业化的思维模式。同时，罗杰再次把淡水河谷的战略集中到采矿、物流和能源业务中。

尽管淡水河谷的专业化在引入标准化流程方面得到帮助，但是专业性的思维模式更加难以形成。在矿山和总部都存在着强烈的封地文化带来的遗留问题，这意味着大多数人都是被动的——习惯于等着被告知要做什么和怎么去做。公司也存在着

---

❶ SEC Form 20F, 2002, 从www.vale.com检索得到。

责备文化。经理们知道，当出了差错的时候就必须有人为此付出代价，而不是从错误中学习并试图改进。例如，当一部分雨林被错误地砍伐时，淡水河谷解雇了责任人而不是试图弄清楚并纠正导致问题发生的流程。因此，尽管专业化流程和结构的引入相对容易，但是思维模式由被动向积极、由责备向学习的转变还要耗时更久。

成为国际化的多元公司

到了2003年，淡水河谷在公司治理方面已经取得了很多进展。这时候，他们开始调整其未来愿景，其内容有可能如下所述：

成为巴西的全球业务公司，跻身于世界多元化矿业公司前三甲，到2010年，在研究、发展、项目实施与业务运作方面取得优异业绩。❶

当淡水河谷拓展到其他国家如澳大利亚、中国、印度尼西亚、加拿大时，他们通常是用巴西人而不是当地人来担任关键领导职位，如高级地质师和区域经理，因为他们担心失去掌控，或者担心会雇佣到某个“不了解淡水河谷做事方式”的人。派遣熟悉这种非正式、自上而下且集权化做事方式的驻外员工，是将专业化和授权与其独特的巴西方式相结合这一过程中重要的一步。因为他们懂得“淡水河谷的方式”，这些巴西外派人员可以更加独立地进行运作。

但是，即便当高管团队和巴西外派人员具有界定清晰、理解良好的战略，他们也不是一直都能与组织的其他部门沟通顺畅。在运营当地业务中，中层管理者的参与仍然是一个长期性问题。公司人力资源部通过与这些企业一起工作，来帮助界定他们在践行公司战略方面所需要的——即时的、中期的和长期的能力。继任计划是他们取得主要进展的关键领域。

许多领导者也注意到，对淡水河谷来说，改变人力资源部与企业的相互作用是创建一种文化与思维模式并成为全球化矿业公司的基本步骤。他们也通过发起淡水河谷公司大学让更低层面的管理人员参与进来，向所有级别的管理人员提供技术、地质、领导力方面的培训。这在传播淡水河谷文化并驱动淡水河谷转型方面是必要的。人力资源总监提到：

第一个挑战是决定我们是要进行一场突变（在短时间内改变）还是一次转型

---

❶ Hooijberg, Robert, and Lane, Nancy. “Vale: Going Global (A).” International Institute for Management Development, Lausanne, Switzerland: IMD Business School, IMD-4-0312, 2009.

（利用可获得的人力与资产进行逐渐的改变）。我相信，我们正在进行转型。所以，我们必须形成一个人员战略，因为我们没有足够的能力来维持增长。我们在将巴西铁矿石公司转变为一家全球性多元化公司的同时来实现这些工作。

公司也继续通过创建一个共享服务部门来形成“一个淡水河谷”，这将所有的后台功能都整合到了一个中心来运营。这些功能包括采购、仓储与库存管理、招募、薪酬、培训、执行、收益管理、应付账款、应收账款、税款征收。在创建这一部门的过程中，淡水河谷不仅寻求整个公司的协同效应，而且还利用对之前所并购公司进行整合的经验。共享服务部经理这样描述他们的使命：

实施共享服务的整个想法是要创建我们所称作的“即插即用”的后勤部门；我们可以用比之前快得多的速度，将新的公司甚至正在施行的项目吸收或整合到淡水河谷的管理模式中。

为了评估所取得的进步，2006年淡水河谷请他们的200位高管完成了我们的组织文化调研。正如图7.1所显示的，公司在沟通其战略和培训其员工方面做了出色的工作。然而，结果表明责备文化依然存在，不同的企业单位不能很好地一起工作。尽管在国际化方面采取了许多措施，但公司在适应性——创建变革、客户聚焦、组

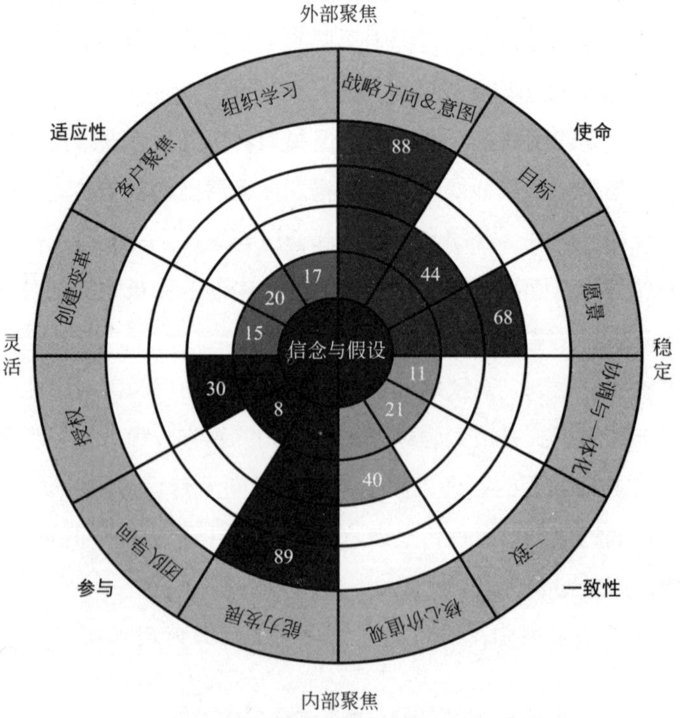

图7.1　2006年文化调研结果：淡水河谷（Vale）

织学习方面的分数依旧很低。因此，尽管公司在拥有共同愿景与战略方面取得了巨大进步，但是在不同的地区组织中仍然存在着孤岛思维。

我们在淡水河谷中的角色

2005年，淡水河谷在国际管理发展学院（IMD）联系到我们，要为组织的200位高管建立一个领导力项目。由于淡水河谷处于主要文化转变之中，我们同意进行一次公司文化诊断，以此作为其领导力项目的基础。除了设计和实施这个领导力项目，我们接着还推动了许多研讨会、领导力论坛和董事会务虚会。最近，我们在国际管理发展学院为淡水河谷形成了更加定制化的人才管理项目。我们也出版了有关淡水河谷文化变革过程的国际管理发展学院教学案例。

走向全球

在第三个阶段，淡水河谷在成为一个真正全球化、多元化矿业公司方面变得更加严肃认真。他们必须扩张其产品线及地域范围。2006年8月，淡水河谷全部以现金方式收购了加拿大的国际镍业公司（Inco）。不论是在拉丁美洲还是在加拿大，这都是已有的最大一笔交易，要比淡水河谷所进行的其他收购的总和还要大。这次收购对于该行业以及加拿大的国际镍业公司来说，都颇感意外。正如一位加拿大的国际镍业公司的管理者所说："这些巴西人是谁？我们从来没听说过他们。"[1]

在调研结果中，淡水河谷和淡水河谷国际镍业公司之间的文化差异也是很明显的（见图7.2）。经理们在制定决策时没有被给予很多自由裁量权，但是在加拿大的国际镍业公司的经理们习惯了分权化的组织，这会给他们更多的空间去实现目标。他们在授权、团队导向、组织学习方面的分数要比淡水河谷的分数高得多。然而，在战略方向和意图、愿景、能力发展方面，淡水河谷的分数则要高出很多。

[1] 来自2008年10月全球领导力论坛上的访谈。

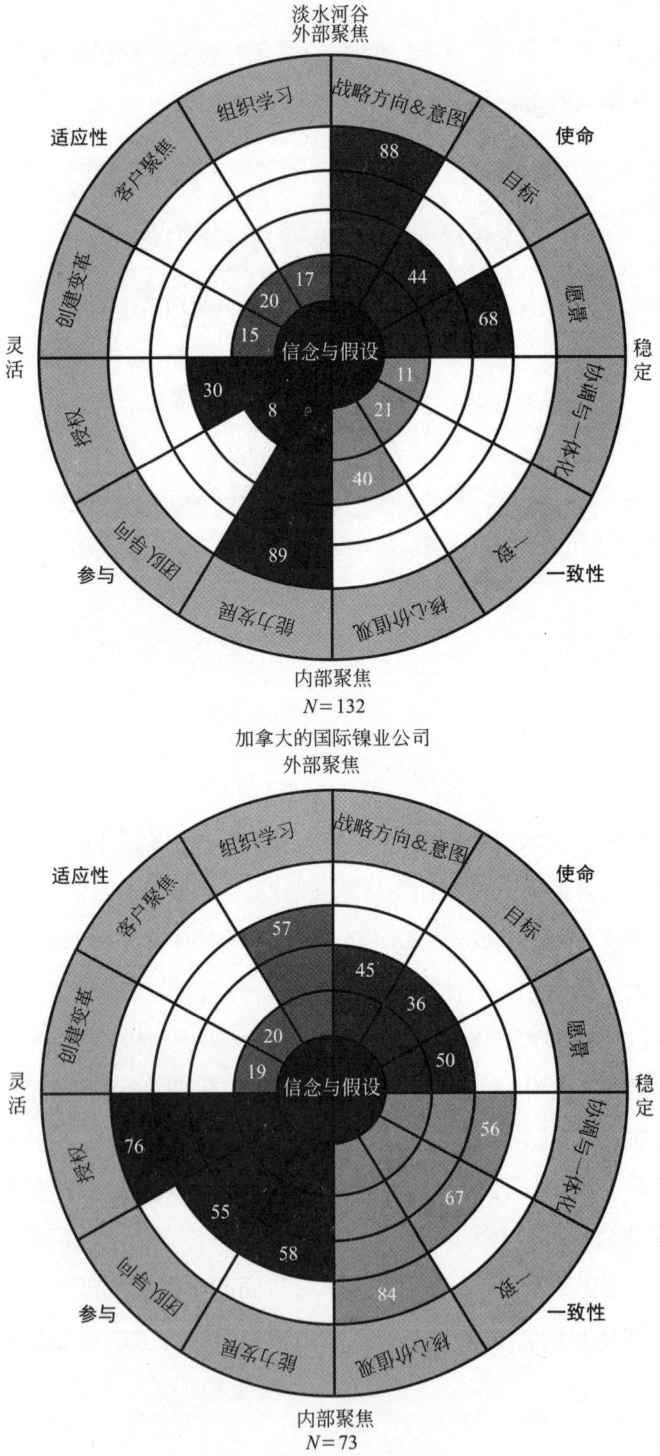

图7.2　2006年文化调研结果对比：淡水河谷（总体）与加拿大的国际镍业公司

资料来源：霍伊博格，雷恩，2009。

不同的国家文化在调研结果中也扮演着重要角色。北美的经理们期望其领导者解释为何要实施某个流程或系统，也期望在应当如何开展这些变革方面倾听他们的意见。来自于自上而下文化的巴西的经理们，并不想进行如此多的解释与咨询。正如一位领导者所描述的，加拿大的国际镍业公司的文化总是这样的，高管做出总方向的决定，然后授权给中层实施，中层被赋予实现这些目标的自由与决策权。一方面，从加拿大的国际镍业公司的视角来看，淡水河谷并不总是能清晰地沟通其决策背景。例如，当他们决定创建一个全球性的补偿体系时，淡水河谷总部只是简单地发送一封电子邮件指示加拿大的国际镍业公司履行新的酬金方案，而不是去加拿大解释新方案背后的逻辑。另一方面，巴西人总是觉得加拿大人花费了太多时间来质疑其决策。

在不同文化间进行沟通一直都面临着挑战。加拿大人与巴西人在一起工作时所吸取的主要教训之一，是关于他们使用“怀疑”（质询）和“疑惑”（迷惑）这两个词的方式。在葡萄牙语中，这些单词是有明确区别的，但这些概念紧密地联系在一起。在葡萄牙语中，你进行质询是因为你有迷惑。迷惑不像英语中的“疑惑”那样，表达对信任或信心的缺乏；它只是表示理解中的一种差距、要解决的一项挑战或是某人有怀疑的一个议题。

因此，当淡水河谷的管理层参观加拿大的国际镍业公司时，他们表达了许多迷惑——有疑问的一些议题。但是他们经常使用英语单词“疑惑”来描述他们试图理解的问题。加拿大人则把这个视作缺乏信心或缺乏信任，而不是一种对好奇心的表达。那并非巴西人想要的结果，但是这种误解所造成的问题浪费了大家好几个月的时间。

2007年，淡水河谷通过购买澳大利亚煤矿公司AMCI控股公司来继续其全球化扩张。AMCI在21世纪早期一直由私人股本投资者管理，其目标是将公司尽快出售。由于这个背景，AMCI有着最小的系统和流程；AMCI的管理者发现，要实施淡水河谷“即插即用”的共享服务概念相对容易。AMCI全面整合到淡水河谷面临着挑战，但是与淡水河谷国际镍业公司的一体化相比，这已经顺利得多了。

在这次并购期间，淡水河谷也决定尝试形成更多自下而上的参与。为了实现这一目标，他们创建了两个管理者项目来培训高层领导者：在美国麻省理工学院（MIT）建立综合管理项目，在瑞士国际管理发展学院（IMD）开发领导力培训项目。这些项目解决文化调研所识别的多种问题。首先，两个项目都明确聚焦于培养能力方面。其次，这些项目直接解决在诸如授权、团队工作、组织学习、创建变革、一致性和协作等方面所识别出的一些挑战。

领导力项目关注这样的主题，如组织文化、变革管理、自我意识、作为团队而工作。该项目中的关键要素之一是基于与文化调研同样的模型，运用360°反馈工具。在淡水河谷中，这是第一次除了老板以外，直接下属和同事对经理的领导行为进行反馈。在一个传统的自上而下的文化中，这是一个巨大的进步。文化调研结果本身也得到了公开的讨论。每一个项目在最后一天，都由一位行政总监参加并主持开放式的讨论。

自下而上的参与在淡水河谷于2007年和2008年组织的全球领导力论坛上得到进一步的鼓励，为500名高管提供了面对面讨论公司所面临的问题的机会。这些论坛为高管们提供了表达对淡水河谷未来看法的一种方式，并为参会者表达他们所面临的挑战及淡水河谷的方式如何发挥作用提供了机会。

到了2009年，淡水河谷已经成为了一家多元化的全球矿业公司。伴随着业务组合与地域上的变化，文化也发生了重大调整。从图7.3所显示的2008年文化调研结果来看，几乎所有的领域都表现出重要的改进。这些结果在授权、核心价值观与愿景方面尤其明显。另外一个显示进步的例证是，图7.4所呈现的淡水河谷和淡水河谷国际镍业公司的文化组合现在看起来非常相似，表明它们已经达到了较高的一体化水平。

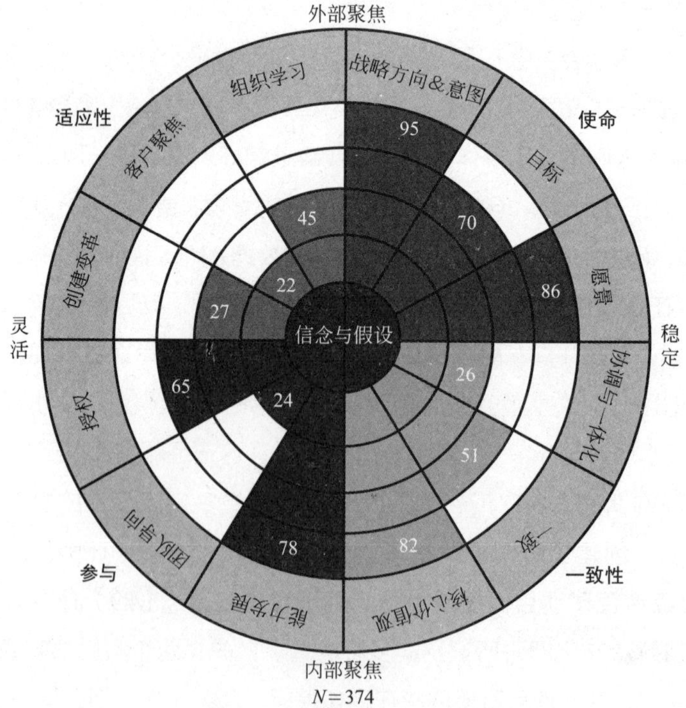

图7.3　2008年文化调研结果：淡水河谷（Vale）

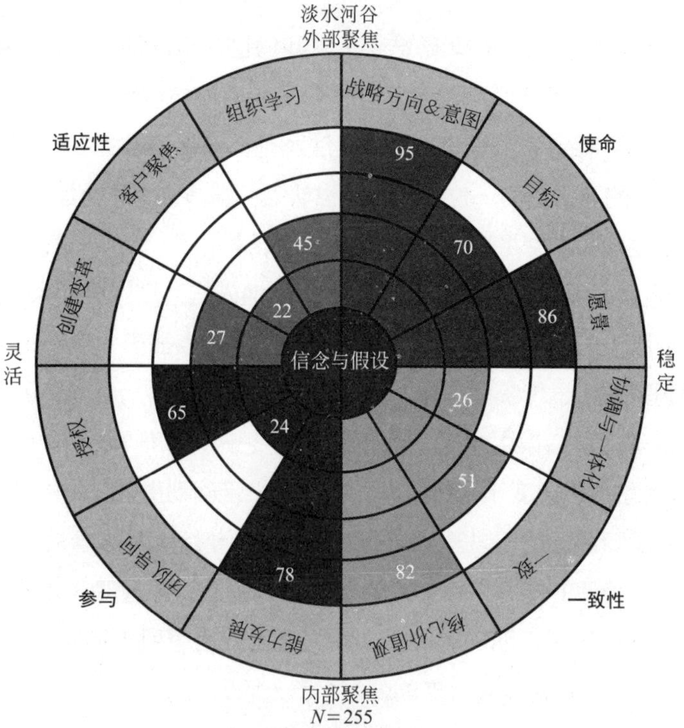

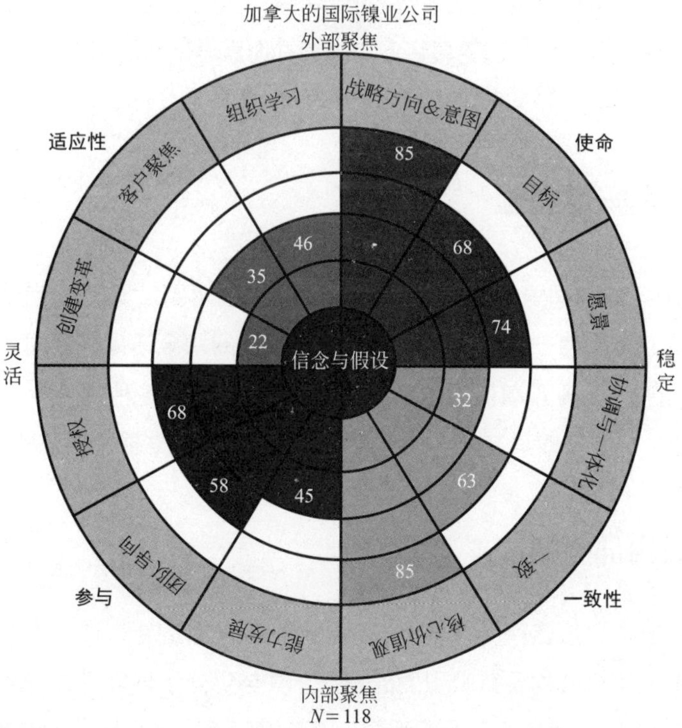

图7.4　2008年文化调研结果对比：淡水河谷与加拿大的国际镍业公司

资料来源：霍伊博格，雷恩，2009。

这些改善并不只是表现在调研结果上。我们也在全球领导力论坛和领导力课程上看到了这些变化。员工们感受到了这些差异。他们觉得自己的观点得到了重视，其声音也能被领导听到了。一位长期职员注意到，淡水河谷的高管忙碌了许多，与其员工有了更好的沟通。另一位管理人员也认为，董事会有了更加开放的讨论形式，其讨论的开放性与意愿也冲击到淡水河谷的其余部门。

2006年之后，淡水河谷开始雇佣更多的当地人作为高级经理人或高级地质师，而不是仅仅依赖于巴西外派人员。这种做法的主要优点在于，淡水河谷可以向当地雇员学习其国家习俗、传统和工作方式。许多员工觉察到，责备文化已经发生了变化：淡水河谷努力从错误中学习，而不只是寻找一个替罪羊。然而，他们也担心，由于2008年金融危机改变了财务状况，公司会被带回到责备文化中去。

加拿大的国际镍业公司以及AMCI控股公司的整合也标志着淡水河谷运用全球化思维模式进行管理的能力在增强。例如，当做决策时，管理者会考虑到对所有区域的影响，而不只是对巴西的影响。淡水河谷也开始吸引支持变革的外部经理人，它正在成为一家拥有日益年轻心态的公司。新入职的经理们——2008年，淡水河谷70%的经理在该公司工作的经历不超过5年——没有浸入到旧有文化中，对于变革更为开放。总体上看，员工们更具企业家精神并愿意尝试新鲜事物。

领导者可借鉴的经验

在不到10年的时间里，淡水河谷将自己从一个分权化、政府所有的具有自上而下文化的组织，转型为一家专业的、集权化、授权的和全球化的公司。它的运营收入从2002年的31亿美元增长到2008年的374亿美元。这种增长要求淡水河谷既要调整其战略，又要修改其文化。这次成功的转型中有一些颇受关注的经验。

首先，进行内部整顿

2001年的BCG报告提到，已经成为全球化参与者的新兴市场公司从“财务健康开始，能够利用机会购买有吸引力的资产，并与仍处于恢复模式的更加知名的竞争对手进行角逐。”作为例证，他们强调，这不仅包括淡水河谷，还有诸如联想、塔塔、巴帝电信、埃尔斯韦迪电力、兖州煤业、丰益国际等公司。所有这些企业在积极地进行国际化扩张之前，都首先构建了在本国的实力。国际化扩张之前，这些公司不仅财务健康，而且也在本地市场获取了整合被收购企业的重要经验。这方面突出了公司的专业化以及愿景的清晰度。

许多新兴市场中的公司展现出相似的地域扩张模式。在其第一个100年中，直到2000年，塔塔都从未在印度之外的地方收购过任何公司。埃及的埃尔斯韦迪电力创建于1938年，但是直到2002年才进行第一次合营，并且直到2008年才有了第一次收购。

专业化与授权之间的平衡

从新兴市场走向全球要求培育一种由集权核心层精心安排的授权专业人士的文化。许多全球性的专门知识必须在本地市场形成，以支持成功的分权化，并且许多本地的专门知识必须在总部形成以支持成功的集权化。公司必须既要集权化又要分权化，这要根据哪一种可以最好地在数千种流程和程序中起作用来定。很难实现专业化与授权之间的恰当平衡，更难对此进行维护。

作为一个例证，淡水河谷的“专业化”一度意味着董事会也参与到其下4个层级的经理的任命工作中。流程标准化、关键业绩指标以及任命标准使得淡水河谷可以强烈地影响其文化中的专业化。当公司将管理者派到国外进行收购、参与合作、建立新工厂的时候，专业化的提升也使得对这些公司的管理者产生信任。集中任命经理的几年实践让公司可以实现更大程度的分权化运营，因为他们形成了更多的能力与信任。

另外一个有关专业化重要性的有趣例子是印度铝工业公司。印度铝工业公司在6年之中，就从印度最大的铝生产商跳脱出来，成为了一个重要的全球化参与者。他们从铝供应商开始转型，于2007年以60亿美元收购了美国的诺威力公司，这是一家在平板铝材和铝制品生产方面的世界性领导企业。印度铝工业公司一路收购的另外一家企业是因达尔，这家印度厂商不仅生产铝制品，而且形成了品牌与分销能力。

但是因达尔的管理者担心，以家族企业为特征的印度铝工业公司的文化会破坏其自视为专业化管理的文化。印度铝工业公司打消了他们的顾虑，保证这是在购买人才，而不只是资产，他们将一直为工作岗位挑选最佳的经理人。他们保留了因达尔的高层管理人员，并在并购后将印度铝工业公司财务总监的位置交给了一位因达尔的管理者，从而印证了其说法。印度铝工业公司的整合，一致性地集中于运用任何可以最好地发挥作用的商业流程。[1]

借助新兴市场建立全球业务：超越淡水河谷

淡水河谷公司最有价值的经验之一是对于愿景重要性的关注。这一主题也被强烈地反映在许多其他全球性挑战者公司的经历中。我们所能找到的所有例子都涉及有着明显愿景观的CEO和其他领导者。在每一个阶段，都要重新创建能拓展并激励这些全球挑战者的愿景。

拥有一位有远见、进取心十足的CEO的重要性不能被低估。伴随联想大部分发展历程的CEO柳传志，在中国迈出私有化第一步的时候就开始了其职业生涯。他曾被中国科学院（CAS）聘用，成为其计算机技术研究院的科学家并参与了20多部大型计算机的开发。然而，面临预算削减和重点工作从大型计算机研究的转移，他对计算机研究院的前景感到担忧。当他决定以20万元人民币创建公司的时候，他和另外3个创始人不得不说服其科学领域的同事，克服掉对商业的厌恶而加入到这个未知领域中。除了想要投身于技术发展，他们并没有一个真正的计划。在公司的早期阶段，柳传志坚持与CAS保持紧密的联系。1985年，联想内的一个派系想要冲破科学院的藩篱。但是，柳传志坚持认为，维持这些联系对于员工、研究和财务支持都有巨大的优势。[2]

柳传志在变革中的中国持续执掌这家公司。他从1984年CAS创建联想开始就掌管公司，并试图确保政府在管理上不进行干预——联想有权控制其财务、做出雇佣和解聘决策、决定公司的运营。[3]当中国政府拒绝在大陆地区颁发生产个人电脑的许可证时，柳传志在香港开设起工厂。当中国加入WTO时，联想面临着更多的国际化竞争，开发了一系列低成本、高质量的大众化电脑。[4]联想财务总监及高级副总裁黄伟明认为，柳传志的远见与战略领导力为联想的成功做出了贡献。[5]

---

❶ Kumar, “How Emerging Giants Are Rewriting the Rules of M&A.”

❷ Ling, Zhijun, and Avery, Martha. The Lenovo Affair: The Growth of China’s Computer Giant and Its Takeover of IBM-PC. Singapore: Wiley Asia, 2006.

❸ 同脚注❷。

❹ Schuman, Michael. “Lenovo’s Legend Returns.” Time 175, no.18 (May 10, 2010): 1-7.

❺ Millman, Gregory J. “From East to West.” Financial Executive 24, no.10 (December 2008): 31-33.

联想并不总是一帆风顺的。当柳传志把被并购公司的管理权交给西方管理者之后，在文化方面产生了冲突，并妨碍其在IBM所关注的大客户与快速成长的个人电脑市场中的小企业及客户之间取得平衡。此外，2008年的金融危机打击了销售，联想在2008年12月末的当季亏损9700万美元。于是，柳传志又重返公司。他担心之前CEO的管理风格过于自上而下和强势——CEO做出决策，然后与高管团队中的领导一起实施。这与柳传志多年形成的以一致性为基础的风格形成对比，即“CEO作为高管团队紧密的一部分来制定并实施战略。”[1]

过去，西方人往往把新兴经济体主要看作成熟经济体廉价产品的来源。然而，正如本章所表明的，这种观点显然过时了。全球性组织必须将这些视为高速成长的经济体，而这些经济体都是由具有全球视野的快速专业化的公司所领导的。

---

[1] Schuman, “Lenovo’s Legend Returns.”

8　构建未来：将习惯改旧为新

我们本书研究的所有公司都将其组织文化视为竞争的关键内容。他们为什么这么看？我们相信，他们明白文化反映了组织的核心逻辑以及员工的基本思维模式，有助于界定公司系统化组织的战略。“我们在此做事的方式”可以通过传统的习惯以及界定组织知识与能力的相互联系的许多规程得以了解。文化很难从外部理解，也很难从内部改变。

许多最普及的组织文化的定义强调了分析的3个不同层面：①内部人很难阐明的深层次的基本信念与假设；②安排组织行动的价值观与原则；③在表面所有人都能看到的符号与器物。[1]这种方法帮助我们看到，作为个体和组织我们所拥有的许多知识都是隐性的——知识是从我们基本的信仰与假设中获取的，并且知识也弥散在我们日常的活动中，但是我们并不总是非常清楚这两者是如何联系在一起的。就像图1.1中呈现的冰山，大多数真实的东西都存在于表面之下。

“要是惠普公司了解它现在所知道的东西该有多好。”一家知名全球化咨询公司的CEO最近对我们这样说。在任何一家公司中，了解组织知识及其如何被应用都是一项主要的挑战。并且，这与公司竞争的能力紧密相关。在这方面可以看一看拉丹·塔塔公司，该公司承诺开发一款价格为2500美元的汽车，即塔塔Nano。塔塔并非将此项目看作是开发一种特别便宜车型的尝试，而是将目标客户视为骑在一辆摩托车之上的四口之家。塔塔对于该市场的隐性知识是西方公司无法复制的竞争优势。他们的思维模式就是他们的优势。项目可行的信念是他们最大的资产。

以旧习惯换取新习俗

尽管把员工和组织想象成理性决策者已经司空见惯，但是对重要的仪式、习惯和常规的关注能够解释许多组织中的日常事务，理解这一点也是很重要的。对于那些试图改变组织的人来说，这也是一种看待文化的有力方式。[2]正如心理学家威廉姆·詹姆斯多年前提到的，习惯是社会的“飞轮”，“我们必须尽可能多地产生自动的和习惯的……有用行为”。我们能交给易于自动化监管的日常细节越多，我们释放

---

[1] Schein, Edgar H. Organizational Culture and Leadership (3rd ed.). San Francisco: Jossey-Bass/Wiley, 2004.

[2] Cohen, Michael D., and Bacdayan, Paul. “Organizational Routines Are Stored as Procedural Memory: Evidence from a Laboratory Study.” Organization Science 5, no. 4 (1994): 554-568; Cohen, Michael D. “Reading Dewey: Reflections on the Study of Routine.” Organization Studies 28, no. 28 (2007): 773-786.

出来进行适当工作的思维力量就越大。[1]

当试图领导文化变革的时候，把组织视为许多相互依赖的仪式、习惯和惯例总是有好处的。这些惯例获取到知识并以保存能量与资源的有效方式将其转化为行动。好消息是，我们不必在每次做事的时候，对每一件事都反复斟酌！但这也意味着，任何组织体系基本逻辑的很多方面都趋向于沦落到无意识水平，并会淡出公众的视线。所有这些还都表现良好，直到世界开始在我们周围发生变化，于是我们不得不历经艰难的——也往往是代价很大的——过程，重新思考我们所做的事情，它如何能与组织能力的其他方面相匹配，以及如何为客户创造价值。

在创新方面最为精彩的一个故事是历史学家埃尔廷·莫里森在《海上炮火》中关于舰炮演进的叙述。[2]在发明连续目标射击之前，大炮是被牢固地安装在战舰一侧的。这使得射击非常困难！连续目标射击创建了一种方法，大炮可以随着波浪的运动而前后移动，从而让炮手可以瞄准目标。结果呢？准确率增长了6000%。为了理解这一发明的重要性，让我们看看莫里森的描述：

1899年，北大西洋舰队的5艘船在1600码的常规距离都朝着笨重的灯塔船射击5分钟。在完成25分钟的射击之后，有两发炮弹打在了这艘旧船的船帆上。6年之后，一个海军炮兵1分钟内朝着同样1600码之外75英尺长、25英尺宽的目标进行了15次射击，有一半击中了50平方英寸的靶心。（第19页）

那么，你认为要把准确率方面不可思议的6000%的改进转化为战舰的行动并进行传播，要耗时多久呢？从莫里森的故事中得到的真实经验是，这项发明被实际采用花费了一代人的时间。旧习惯难以改掉，有时候这些旧习惯只是随着秉持人而去了。

莫里森的文章以一位年轻的时间与动作研究专家的故事开始，第一次世界大战期间法国沦陷之后，他试图找到一种提高炮兵部队士兵效率的方法。他观察了1组5人炮手的作战演练，大炮架在拖车上，被拖在卡车后面。他对这些炮兵操作中的某些方面感到困惑，于是把他们装弹、瞄准、射击规程的慢动作照片拿出来看。

当他把这些照片放映一两遍时，他注意到有些似乎比较奇怪的问题。在射击之前，2名炮兵停下所有的活动将大炮搁置一旁，并产生了3秒的时间间隔。（第20页）

由于这似乎纯粹是浪费时间，这位年轻的时间与动作研究专家对此实在无法理解，于是他请一位老炮兵上校来看这些胶片，看看他是否能解释这种奇怪的行为。

---

[1] James, William. The Principles of Psychology. Cambridge, MA: Harvard University Press, 1890.
[2] Morrison, Elting E. Men, Machines, and Modern Times. Camgridge, MA: MIT Press, 1966: 17-44.

这位上校也有点迷惑。他请求再看一遍这些照片。"啊，"当放映结束的时候他说，"我明白了。他们正在稳住马匹。"（第20页）

时隔一代人之前，当上校在南非参加布尔战争的时候，"稳住马匹"是很重要的。用马车拉的大炮，如果你不稳住马匹的话，它们就会脱缰，拖着大炮一起跑。那就太糟糕了。但是现在，大炮是架在拖车上由卡车拖运，不再需要稳住马匹了。尽管如此，但这个旧习惯也很难被改掉，在早已过时无用之后，过去的痕迹看起来仍挥之不去。曾经是有效组成复杂规程的巧妙之处的习惯，已经变成"结构中仪式性的内容，不再有任何作用。"❶

根据迪帕克·乔普拉的解释，习惯是用于规划未来的过去事物的凝冻解释。❷中国有句谚语，说习惯"最初如蛛网，最后如钢索。"❸沃伦·巴菲特用下面的话确切地描述了同样的动态变化，"坏习惯像是太轻而感觉不到的锁链，直到它们太重而无法携带。"❹当我们意识到旧有的习惯如何具有约束性时，往往已经太迟了而无计可施。

习惯与常规也很难改变，因为它们紧密地相互联系在一起。它们在事物复杂的链条中匹配在一起，界定了"我们在此地行事的方式"。跨文化中经典的亲吻、鞠躬或握手这些礼仪，表明了正确施行常规最难的为何是它们需要多方参与者具有共享的思维。❺如果你要鞠躬而对方要亲吻，那么这就尴尬了。只是改变我们自己在等式中的角色没什么用处，因为所有其他人仍然会以之前同样的方式联系在一起。

假设一位有抱负的年轻厨师决定变换餐厅的菜单。那么，他也必须同时改变其他很多方面以支持这个决定：买食材、培训副厨、做广告、向服务员解释新菜单，所有方面都必须相辅相成地改变。我们最近光顾的一家餐厅决定改换菜单以更加吸引"土食者"——那些喜爱食用当地所产食物的人。这不仅使得这家餐厅在如何以及在哪里选购食材方面产生了巨大差异，而且还有一个更为激进的影响：菜单必须随着当地季节的变化而持续不断地对能得到的食材作出反应。正如在许多工业公司

---

❶ Feynman, Richard. Surely You' re Joking, Mr. Feynman! (Adventures of a Curious Character). New York. Norton, 1985: 340.

❷ 乔普拉最初的引文是"A habit is a frozen interpretation from the past that is applied to the present." http://davesdailyquotes.com/?p=7594。

❸ 参见Stone, John R. The Routledge Book of World Proverbs. New York: Routledge, 2006: 199.

❹ Clark David. The Tao of Warren Buffett: Warren Buffett' s Words of Wisdom: Quotations and Interpretations to Help Guide Yyou to Billionaire Wealth and Enlightened Business Management. New York: Scribner, 2006: 16.

❺ Conaway, Wayne A. Kiss, Bow, or Shake Hands. Avon, MA: F+W Media, 2006.

中那样，生产、配送以及供应链等所有方面都必须为了维持系统的和谐，而以相辅相成的方式进行改变。

领导文化变革的框架

在谈论文化变革时，有些人强调改变价值观的重要性，[1]而有些人关注变革的动态过程。[2]仍有人宣称要首先改变业务，然后确保通过使新的工作方式制度化来坚持变革。[3]其他人努力把适应过程与思维模式和领导者的基本假设联系起来。[4]所有这些方式都是任何一个领导者工具包里的必备件，代表了可以用来领导文化变革的关键。

但是以我们的经验，坚持文化变革需要深入挖掘组织的基本习惯与常规。常规把现实中文化的抽象层面与具体层面联系在一起，运用文化转型的参考框架，在实践行动的暴风雨中带来大量实际而又模糊不清的机会。然而，与价值观和信念相比，仪式、习惯和常规得到的关注要少得多，所以，我们认为在此描述一些细节很重要，并将其作为我们对本书研究进行经验学习的一种总结。

为了对此进行系统化，我们开发了一个简单的框架来对仪式、习惯和常规进行分类，当许多组织在讨论其文化转型的方法时，这些方面一直可以提供帮助。该框架的一个维度是旧与新的对比。这些常规是根植于组织过去的传统吗？或者它们只是最近才被运用的新建常规吗？另外一个维度是好与坏。这些常规是有效的还是无效的？它们创造价值吗？或者它们只是失去时效的过去的痕迹吗？这4种类别建议了4种不同的行动，如图8.1所示。

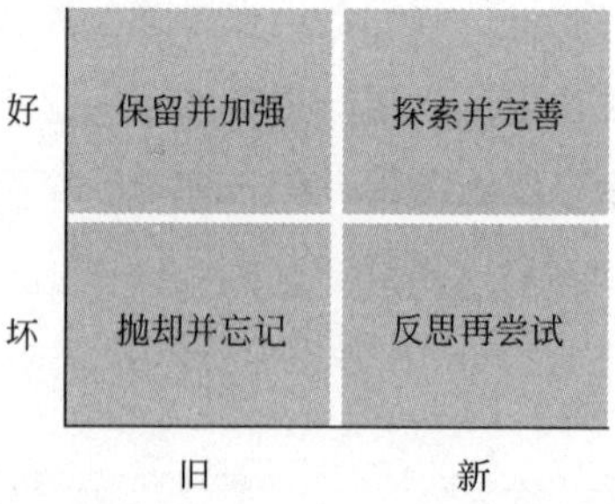

图8.1　通过变革仪式、习惯和常规来变革文化

---

❶ Lencioni, Patrick M. "Make Your Values Mean Something." Harvard Business Review, July 2002: 5.

❷ Collins, Jim. Good to Great: Why Some Companies Make the Leap…and Others Don't. New York: HarperCollins, 2001.

❸ Kotter, John P. Leading Change. Cambridge, MA: Harvard Business School Press, 1996.

❹ Schein, Edgar H. The Corporate Culture Survival Guide. San Francisco: Jossey-Bass, 1999.

坏的旧习惯：是时候抛弃并忘却它们了！

变革文化最强劲的动机之一，是由一套坏的旧习惯所形成的困境，这些习惯已经存在多年并且已经没有什么用处了。要抛掉这些固定下来的习惯并忘记它们是很难的，但是这又是必须要做的。让我们考虑下本书所涉及公司的3个例子。

达美乐旧有的HR流程。在转型之初，达美乐每年的员工流转率超过了150%。造成这种局面的政策、实践、流程和常规所形成的体系已经建立多年，并反映出这样一种文化，即管理者几乎总是花费更多的时间讨论奶酪的价格而不是员工的才能。他们的习惯形成已久。个体店主可以做很多他们想做的事，通常他们不会看到员工素质与店面绩效之间的联系。公司总部一般都远离这些问题，至多是为特许经营者提供一些指导，而不是强制执行最佳实践。在公司层面，相对也很少有战略人力资源规划或关注能力发展。个体领导者由于得势或失宠而来来去去。领导者的培养或继任计划也很少得到关注。所有这些习惯都根深蒂固地存在多年了。

HR流程是易于改善的一个目标。该流程的好坏是非常明显并可立时判别的，而且，对新CEO管理组织的价值观与方法也会产生相当大的冲击。所以，它很快就会变成最先要改变的事物，并且从此刻就要开始。一旦领导团队或一组员工在抛却并忘记一套坏的旧有习惯方面达成一致，就有助于产生对现状的不满，并关注于未来的可选择方案。这是识别组织变革目标中最坏习惯这一部分的关键力量。这形成了一个有助于构建动力的更加重要的平台。

德意志技术公司的销售流程。在将黏合剂、密封剂和表面处理材料三方并入一起之后的一两年，德意志技术公司仍然会派出两三个不同的销售员去拜访代表这3个技术领域的客户。他们会在客户繁忙的工作安排中相互竞争。这套习惯不仅造成了德意志技术公司是多家小公司的集合而非一家大公司的印象，而且还在相互关联的技术团队之间的潜在合作方面形成了障碍。3种不同的技术能够以更好地满足客户需求的方式合并在一起的想法，是并购这些单位的决策重点。但在实际操作中，如果不能向客户以传递实际整体价值的方式来对销售过程进行一体化，要这样做就是非常困难的。合并两个单位的决策如何在战略上感觉完美而对于客户又不是非常显眼，这便是一个经典的案例，因为组织面向市场的习惯与常规还没有与战略进行重新匹配。

要坚持这一变革，既需要学习也需要抛弃。销售员必须向前迈出一大步，在新合并的黏合剂业务领域学习如何销售整个系列的产品。在较大的项目中，工程师也必须抛弃他们是技术专家的想法，要能够回答所有的问题。他们必须学会作为一个团队来提供服务，是顾客需求方面的专家，而不是德意志技术公司任何特定方面的专家。这个例子向我们展示了文化要耗时良久才能转变的一种原因。文化反映了知识转化为行动的逻辑。新知识、新员工、新流程都要求抛却坏的旧习惯并忘掉它们。

淡水河谷公司的封地。当淡水河谷首先私有化的时候，他们不得不面对公司是由各个矿山组建起来的事实。传统上，在矿山与政府官僚机构之间不存在多少系统的结构。而且，这些矿山一般距离里约总部比较远。由于这些原因，各个矿山常常成为由各个领导者掌控的封地。财务、采购、物流、会计、人力资源和运营都在每座矿山得到不同的安排，但很少顾及公司作为整体的运作。它们中的每一个都有各自的习惯与常规，经营责任却很少。公司也很少花精力对矿山的运营进行标准化或在矿山之间进行能力协调。

创建“一个淡水河谷”的第一步就是针对性地关注这一问题。界定整个组织所采纳的一套新的标准化业务实践和流程，成了下一步全球化之前让巴西业务井然有序的主要推动力。起初，这种做法是不受欢迎的，并经常被视为具有破坏性。即便这对于淡水河谷向前发展来说是绝对必要的，但还是产生了许多抵制行为。

每一个组织在试图变革时，都有着长长的坏习惯的清单。但是，仅仅抱怨坏习惯并希望它们能够改变还远远不够。[1]对于变革目标一致性方面进行明确的关注，有助于构建进步与动力，并有助于形成承担更大挑战的经验与信念。

好的旧习惯：是时候保留并加强它们了！

有时，当组织正经历大范围变革的时候，会忽略让它们强大起来的一些力量，到头来“把婴儿与洗澡盆一起扔掉”。但是，有些旧有的由组织的过去相沿成习的习惯与常规，对于组织未来的成功来说仍然是必要的。它们已被员工理解，是组织思维模式的关键部分，与组织功能的其他方面紧密关联。因此，明确需要保留并加强的核心习惯与常规是非常重要的。这里的3个例子有助于阐释清晰地看待好的旧习惯的重要性。

达美乐特许经营协议：“OBI”条款。正如我们在第2章所注意到的，达美乐要

---

[1] Weeks, John. Unpopular Culture: The Ritual of Complaint in a British Bank. Chicago: University of Chicago Press, 2004.

求所有的特许经营商都要签署一份协议，限制其维护“业务之外的利益”（outside business interest）的能力。这意味着，所有的达美乐特许经营商都要完全集中于他们的比萨店上。这种法定要求为每一位达美乐特许经营商创建了一个非常类似于其第一家店面的情境，即由创始人汤姆·莫纳根和其兄弟吉姆所开设的比萨店。不能失败。当第一家店面成功的时候，接下来会发生什么？你会开第二家店！然后是第三家、第四家等。这种要求形成了唯一的关注点，并帮助在达美乐的整个体系中构建起承诺。达美乐在店铺层面保留并加强了许多经过时间检验的实践与常规，成为其变革战略的重要内容。

与OBI相连的习惯与常规也为达美乐带来了一些约束，尤其是当它们进行全球扩张的时候。当它们在全世界发展与主要特许经营商的关系时，不可能坚持这种聚焦原则，在与那些具有其他选择及利益的特许经营商打交道时，它们有时候会碰到困难。但总体上，当达美乐开始转型时，这一被保留并加强的原则是其巨大的力量。

极地银行：保持本地风格。极地银行面临的最大的挑战之一是，如何构建一个跨国的欧洲组织，并能够利用其3种不同的跨越国界的银行业务能力。在那种情况下，试图重新配置资源并将注意力从地方业务转移开来以帮助整合这些银行的做法，是很有吸引力的。但这是极地银行不愿意采取的一种冒险行为。它们看到，挪威的个人银行业务、瑞典的公共金融业务、丹麦的投资银行运作等强大的地方风格是银行未来成功的基础，它们不愿意以任何方式进行妥协。

跨界一体化的新能力必须建立在强大的地方性平台之上，并且不与当地的这种力量相妥协。因此，这是选择从过去经历中保留并强化重点方向的好例子，甚至在银行为未来建立新平台的时候也是如此。

通用医疗：价值细分的企业关注。当通用医疗于2006年并购Zymed（并重新命名为CSW）时，它们在中国麻醉业务的价值细分领域中不断取得强大的地位。Zymed为通用带来了一些挑战，但也提供了一些独特性——即有着较强销售重点和创业文化的中国风格的家族企业。他们节俭、执行力强，并具有一个不间断的和动态的销售流程。它们也在中国市场及其卫生保健系统和需求中具有很深的根基。

但是，Zymed的许多企业特征却为新公司提出了挑战，因为它们很难与组织另外两个部分相融合，即高端的D-O麻醉技术以及通用全球麻醉业务的流程要求。但是，在本地市场隐性知识方面以及在动态的中国市场中获取市场份额所必需的快速移动、以销售为导向这些习惯方面，D-O和通用的做法并没有带来什么有价值的东西。结果，通用重新界定了组织中的几乎每一个规程，它们在每一个阶段都必须衡量，如何在仍然保持Zymed动态精神的同时，运用D-O和通用在技术和流程方面大量的专业知识。

当变革的速度开始加快的时候，很容易忘记保护那些曾使得组织成功的文化要素。如果这些因素没有在开始的时候被有意识地保护起来，那么它们往往会在你发现之前就消失了。而要再次建立起它们就会困难得多。

好的新习惯：是时候探索并完善它们了！

或许文化变革过程中最令人激动的就是具有创建新事物的机会。创建新的规程以新的方式利用新的想法，可能是最激动人心的。画布并不完全是空白的，因为新的规程必须与组织没有变化的其他部分很好地整合在一起，但尽管如此，创建新事物仍然是一个巨大的机遇。我们再次通过案例研究中的3家组织，来看看一些好的新习惯是如何形成的。

瑞士再保险公司美洲分部：创建新的运营模式。为了实现从旧有的营收增长战略到盈亏线战略的转变，瑞士再保险公司改变了其运营模式。它们真正改变的是流程，借助这样的流程它们在对客户机会做出反应方面进行决策。在转型之前，客户代理人进行治理。对组织来说，他们代表了客户机会，并与内部的精算师和担保人一起工作来为客户找到解决问题的办法。他们不太关注个体交易的利润——更加关注发展中的营收增长战略。

新的运营模式改变了这一切。预定新业务方面的决策要求在客户代表、精算师和担保人之间达成一致。这是战略变革如何要求在基本工作常规方面进行变化的经典案例，并对组织中几乎每一个人都具有广泛而实际的影响。

在公司转型时发现组织节拍的重要性方面，瑞士再保险公司是一个很有意思的例子。它们在新运营模式中的变革，发生在一年之中最繁忙的时候：秋天续约的季节，此时组织正为来年续签合同。这就是组织的心跳节拍。在一年中最繁忙的时候，它们每次对新运营模式执行一周，汇报、学习并强化巩固。在续约期末，它们已经贯彻了新的常规，实现了新的战略，并在支持转型的员工中创建了新的思维模式。

极地银行：创建新的治理体系。为了在3个国家的3个不同的银行部门整合3家银行，极地银行选择创立董事会来监控所有这3家银行。3家银行治理方面的大胆变革，形成了全新的动力。高层开始进行协调，并建立了跨境学习的框架。后勤标准化、跨境与跨业务营销方面的经验、管理风险并获取资金的一般方法，都是在3种不同的背景下同一个团队所追求的。如果他们试图在组织低层面实现整合的话，那么董事会的形成也推动了已经花费数年的一体化水平的实现。新的董事会也以单个银行从未采取过的方式，把3家不同银行业务的专业知识组合在一起，形成共享的思维方式，这也是全业务银行的基础。

极地银行也在领导的新系统方面进行了大量投入，由此每家银行的领导者都可以形成对所有3家银行的技能学习、理解与尊重，即便其特定工作职责仍完全存在于其中一个银行部门。他们中有些人觉得这是浪费时间，或是“锦上添花”的学术实践。但是其他人认识到，任何在高层跟进政府变革的后续事项都依赖于领导者的基础结构，该结构与正在高层形成的新思维模式相匹配。

通用健康（中国）：愿景引领的一体化。对于马蒂·雷赫托宁来说，决定Zymed、D-O和通用无锡临床系统（CSW）一体化的要点应当是“愿景领导”的整合，这是非常大胆的一步。为什么不是流程领导？为什么不是技术领导？为什么不是市场领导？选择以愿景来领导在当时引发了许多问题，但是在基于组织每一部分的志向来界定公司未来状态这一方面，它的确发挥了作用，并充当了界定共同未来的平台。一旦理解了这个共同的未来愿景，就会形成对组织3个不同部分进行整合的基础。

通过界定未来愿景来领导流程，在创建广泛的一致性方面会产生有趣的效果，在实际界定未来的流程之前，组织中几乎每一个部门都会形成自己新的流程、常规和习惯。最重要的是，这使得员工关注于把他们捆绑在一起的未来上，而不是那些把他们分开的不同的流程、价值观和常规方面。对于“我们应该选择谁的流程？”以及“这3个哪一个是对的？”的讨论都被搁置起来，直到所有人都理解了新组织背后的蓝图和战略原理。

形成新的仪式、习惯和常规是困难的。这一难题包含着几个部分：思维模式、行为与体系都必须一起改变，以巩固组织的适应过程。作为领导者，我们不能只是打开员工的脑袋重写他们的大脑，或是规定一套必须遵行的新的行为方式，亦或强制执行一个新的体系。我们不能只是夺取那些控制杆并拉动它们。反之，我们必须立刻缓慢而持续地越来越努力地推动所有这3个控制杆，直到我们看到一些成功的迹象，成功的结果将会激励其他人加入进来并帮助大家一起构建动力。

坏的新习惯：是时候反思并再尝试了！

也许在这4类习惯与常规中，最难以理解的就是在文化变革期间形成的坏而新的习惯了。创建一套新的习惯与常规并不总是意味着，它们会以最初的意图发挥作用，并能很好地适应环境。相反，文化变革需要进行多次试错。实际上，每个组织的既存文化都经过了多年的试验，以发现哪些方面能最好地发挥作用，以及那些知识应当如何被制度化。因此，从案例研究中挑选的3个例子表明了这样的情况，创建新常规的首次尝试并没有正中靶心，而是需要为了完成任务进行中途修正。

淡水河谷：整合国际镍业公司的集权化方法。当淡水河谷收购加拿大的镍业生产商国际镍业公司时，无论是在巴西还是在加拿大，这都是有史以来最大的并购案。淡水河谷进行整合的集权化方法并没有带来想要的结果，因此它们被迫对其方法进行重新思考并再行尝试。派遣巴西人到加拿大或者派遣加拿大人到里约的外派任务都没有太好的效果，它们也被迫再次尝试。形成能够从总部有效运营企业的匹配与控制，的确花费了一些时间。

淡水河谷清醒地认识到它们错过了目标，并退后一步重新聚焦并再次尝试。这一次，它们在加拿大当地运营国际镍业公司以及在公司层面代表国际镍业公司的利益两个方面，都要成功得多。这是它们在整合重要并购方面的第一次经历，所以整合过程初始阶段的经验驱动了快速的学习曲线。以这些经验，他们在第二次尝试中做得要好很多。

GT汽车公司：在欧洲转型中运用服务学习方法。在世界一个地方即北美取得成功文化变革的经验如何运用到另一个地方即欧洲地区，在这方面GT汽车公司是一个有趣的案例。最有意思的部分在于，在北美开展变革过程所采取的大部分策略也被用作欧洲变革过程的基础。一国与另一国之间会有些不同，当然在意大利召开的会议与在德国召开的会议也会有不同的感受。但让我们吃惊的是，大多数的转化过程相当顺利，只在一方面有例外：服务学习。

服务学习涉及在其社区中从事志愿性工作或慈善性工作的组织成员。在许多不同的背景下，当他们把时间和精力奉献于诸如递送食物、在收容所工作或是帮助贫困儿童等社区事业中时，服务学习就被用于在团队内构建情感联系与承诺。这些做法向他们自己和其他人表明，他们关心的是创造价值，而不仅是增加企业的盈利性。在北美，这是每一个地区变革过程中都非常重要的组成部分。但是在欧洲，他们发现这没有达到同样的效果。因此，变革过程的关键部分可以被随时修正，以保持转型的动力。

通用：改善产品质量。麻醉设备的质量是一件严肃的事情。通用医疗并购Zymed的时候，他们经历了许多质量问题。他们甚至曾一度停止了Zymed生产线的生产，直到他们确信能够提供高质量的无愧于通用声誉的产品。他们解决这些问题的尝试性做法要求他们利用一系列的流程，每一个流程都要求进行不同类型的常规和思维模式的变化。首先，他们只是要在质量问题出现时，发现并解决这些问题。当客户有投诉的时候，通用在无锡的工程师们要从Zymed那里拿到图纸并追溯模型数据。但是很多时候，那些图纸要么不是很准确，要么就根本拿不到。利用这种常规做法解决问题是非常耗时的，也不是很成功。然而更糟的是，它还把工程技术人才从创建下一代产品的开发过程中给带走了。

为了对质量问题做出反应，他们必须在发现与解决问题的常规方面极为擅长。但是，为了确保在下一个产品系列中这种现象会少一些，他们也必须引入另一种从通用的生产流程知识中借用的新规程。他们在完全采用通用流程方面具有困难，因为至少在开始的时候，他们不能以如此高的标准来工作。但是，他们在改善产品质量上取得了平稳的进步，需要发现并解决的问题逐渐变得更少了。

但是演进的第三个阶段要求他们重新设计产品，消除更多的质量问题，从而改善产品质量。对通用的工程团队来说，这又呈现出另外一套规程。但是，甚至这种重新设计也不能让产品质量达到他们所追求的美国食品及药物管理局（FDA）的水平。接下来，这种情况就会为无锡的团队带来下一组要掌握的具有挑战性的规程。

每一个组织的文化都代表了多年试验所积累起来的智慧。能发挥作用的文化就坚持，不能发挥作用的文化就抛弃。只是由于组织决定要重新变革，并不意味着它会在开始就将一切都能做好。当我们试图创建能转变组织文化的新的仪式、习惯和常规的时候，开明的试错尤为重要。

理解常规的重要性

想一想要制造你手提包或口袋里那部崭新的智能手机所需要的所有步骤吧。通过复杂的供应链以及近乎无止境的设计、生产与配送的商业流程，全球数百万计的独立事件被整合在一起。与这一高度技术性过程相互补充的人们的习惯和常规，总是会反映出组织运作的核心逻辑。因此，了解员工思维方式、他们所创建的体系和其在竞争性商业世界中的生存能力之间的紧密联系是很重要的。

常规与习惯将知识与行动联系在一起。当我们试图领导文化转型的时候，我们不得不重新思考这种联系。把想象与实际、抽象与具体、原则与实践结合起来，一直都是所有文化变革的核心。

追踪我们的进步

本书的每一个案例研究，都在项目开始与结束的时候对该组织的文化进行了测评。这些事例清晰地描绘了每个组织所发生的变化。但是，因为有时候很难对这些变化进行概括，所以测评就成为追踪文化转型的有用方式。测评也帮我们挑选了一系列的故事，其中调研结果中的积极变化表明，组织正朝着正确的方向发展。而且，测评经常通过迫使组织照镜子来了解其转型过程，更加清楚地得知其优点和缺点。当然，文化的有些内容可以被正确地测量和追踪，也有些内容则不能。或者，正如爱因斯坦在普林斯顿大学办公室的墙上所张贴的话："不是所有可以计算的东西都是重要的，也不是所有重要的东西都可以被计算。"

除了给我们一种追踪转变过程的工具，该调研本身也是一种介入，旨在帮助驱动转变。调研结果可以让组织成员很好地审视自己。但是，这并非总是一场愉快的经历。一位董事长说："这就像你告诉我说我的孩子长得很丑，而且闻起来还很臭！"这些结果有助于让每个人都关注他们所面临的挑战。这些公司内的群体、团队、部门和分支机构看到了结果，并运用它们来规划如何开展提升工作。

我们在这些故事中的角色有很多变化。正如我们在每章所提到的，有时候我们积极地参与到规划和流程顾问的工作中，[1]而在另外的情况下，我们是教师或者组织发展顾问。我们与所有这些组织都至少有2～3年的联系，其中有一些我们已经一起工作了近10年。我们的参与对所有这些组织都有着积极的影响，我们为此而感到骄傲。

但是，在所有这些组织中变革最强大的催化剂是领导者自身。他们的洞见、愿景以及此刻就变革的信念，一直都是变革必要的组成部分。他们也很有持久力。这

[1] Schein, Edgar H. Process Consultation: Its Role in Organization Development, vol. 1. Boston: Addison-Wesley, 1969.

些组织中没有一家是让文化成为流行时尚而进行变革的。我们也从中学到很多东西。本书是在更广泛的层面上与读者一起分享这些重要经验的一种方式，这样我们就不必犯下过多错误。

构建未来

近20年来，日本相机和复印机巨头佳能的高层领导每天7:00都会在浅贝的茶晨会上碰面。他们通常会在一起待上半个小时，这并不是正式的安排。他们在一起谈论一些自认为重要的事情，聊一些他们觉得运营企业最重要的原则和经营理念，谈一谈什么方面在起作用，什么不起作用。他们谈论员工、竞争对手、产品和技术。他们聆听传奇式的领导御手洗富士夫谈论这些年来指引佳能发展的独特且仍在演进的理念。但他们谈论最多的是所有这些如何匹配在一起，以及他们未来在佳能想要创建的内容。他们令人瞩目的成就让所有人都能清晰地看到。

很少有组织会在高层花费如此多的时间来确保领导者及其观点的匹配和一体化。但是，所有那些全球性组织，它们如果想要展现一个品牌、一种价值主张、一系列一体化产品与服务、一个为其成功而奉献的有才华并被激励的团队，就必须找到自己创建一体化的方式。不同的文化和行业都有其各自的方法。组织无论新旧、大小，都可能具有它们可以利用的优势。但是最终，为了生存于当下并构建其未来，领导者必须创建一个独特的文化以及他们自己的思维方式，来使其区别于竞争对手，并获得员工的承诺与贡献。

附录　丹尼森组织文化调查：概论与资源指南

丹尼森的组织文化调查在本书所有的案例研究中都发挥了重要的作用。调查结果用于两种不同的方式。首先，调查结果被用于追踪每一家公司在其项目开始后所取得的进步。这有助于证实我们的主张，即这些都是真正有所进步的公司，也有助于我们明确一些特定的领域，这些领域更加清晰地说明了他们正在取得的进步的种类。实际上，本书的一些案例本来就是用于该项研究，因为其调查结果中的积极变化表明，它们在组织与业务两个方面都实现了真正的转型。

但是，调查结果也被用于第二种方式：作为一种介入。由调查结果所界定的优势与挑战被用来驱动转型的过程。调查所识别的模式有助于把精力集中于变革的优先事项，并有助于引导转型的过程。这些结果在组织中作为反馈与行动计划而发挥作用，以便于管理者可以利用反馈来为规划的改善提供帮助。多年来，每年一次的调查也会使持续的变革过程达到一个新的层次。

附录部分提供了更为详细的调查背景，作为支持每章简要分析的一系列广泛资源的链接。我们在此解决了一些有关调查结果的关键问题、基准测试程序以及反馈和行动计划流程。我们也描述了验证研究，总结了与文化和绩效相联系的研究，这些文化与绩效是模型与调查的背景。

解释测量结果

丹尼森组织文化调查的核心是60个项目的测量模型，该模型有12个指标，每个指标又有5个问题（丹尼森和尼尔，1996）。这些测量运用了里克特的五点量表打分法，其中1=非常不赞同，5=非常赞同。该测量模型多年以来由丹尼森和其同事在本研究之外开发形成，把公司文化与企业绩效联系在一起。该模型和调查的问题运用了研究所界定的有效组织文化的特征。在本附录后面的内容中，将对这一系列的研究进行更详细的总结。

每章所呈现的文化剖面图只是调查结果的概述。更为详细的结果包括全部60个项目分数的总结。我们在这里展示了一个样本报告，以及调查如何应用于真实项目的简短例子。图A.1 ~ 图A.7 呈现了这份包含7页内容的样本报告。案例显示了最近合并的两家公司的概况：一家大型美国石化公司与其所并购的德国专业公司。并购方公司规模大约是被并购公司的20倍，被并购公司并入了母公司的分支机构，这使得一系列紧密相连的技术融合在一起，从而组成一家新的全球性业务单位。

该案例呈现了两家公司的详细结果，显示了来自母公司和被并购公司所做反应之间的对比。在母公司中，我们调查了进行这次并购的全球业务单位中的所有经理人员。在被并购公司中，我们调查了公司的所有经理。每一个组织中大约有80%的经理人对调查做出了反应。并购一被批准，我们就搜集这些数据，并在他们走在一起的第一时间将数据呈现给过渡工作组。

报告第1页（见图A.1）的总体概况呈现了一幅经典的画面，那些通过并购追求增长的公司对此非常熟悉。具有动态性、企业家精神和客户聚焦特征的被并购公司现在是规模大得多的母公司的一部分，而母公司似乎要比它们并购的公司缺乏很多适应性和灵活性。母公司为并购花了大价钱。如果被并购公司能够影响母公司，使其变得更加灵活，那这就是一桩好买卖。然而，如果母公司让被并购公司的适应性下降了，那么这项交易就不是很划算。结果表明，两家公司在“参与”方面都相当强，但是都没有很强的“使命感”。两家公司在“一致性”方面的得分均良莠不齐。

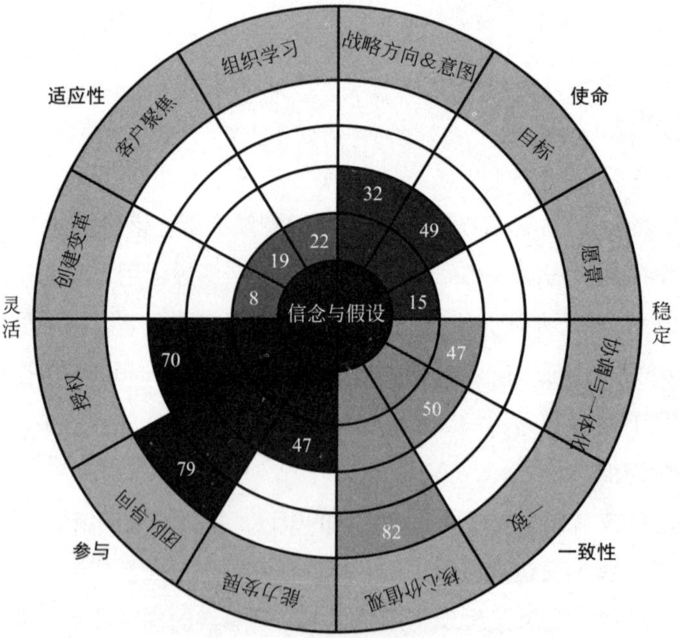

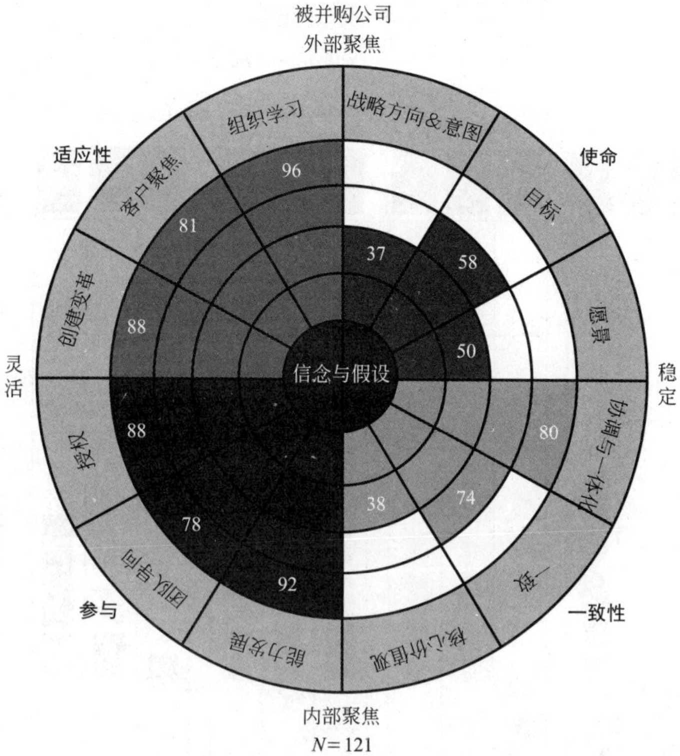

图A.1　母公司与被并购公司文化调研结果

资料来源：丹尼森与尼尔，1996.经许可重印。

这份7页报告（见图A.2 ~图A.7）中第2页比较详细的结果更加清晰地说明了这幅图片。图A.2中的“差距报告”是图A.1剖面图中所呈现的指标分数的一个概述，清楚地显示了被并购方在12项指标中有10项指标的得分都比并购方要高，并且在适应性的所有方面都有高得多的得分。

报告的第3页（见图A.3）总结了参与方面的结果。每个指标有5个项目。单个项目的分数，同指标的分数一样，以百分位来表现。百分位的得分表明了基准数据库中的公司低于目标公司分数的百分比。所以，母公司在第一个项目“大多数员工都高度参与到工作中”所得的82百分位，意味着母公司的得分要比基准数据库中82%的公司都要高。基准数据库是一个约有1000家公司的全球性大样本，在本附录的后续内容中对此有详细的描述。

报告第3页也显示了两家公司在每一个“参与”项目方面的对比情况。例如，我们强调了“组织不同部门间的合作受到积极的鼓励”这一项目。这两个公司分数的巨大差距显示了有利于母公司的积极区别——似乎它们把很多精力和重点都放在

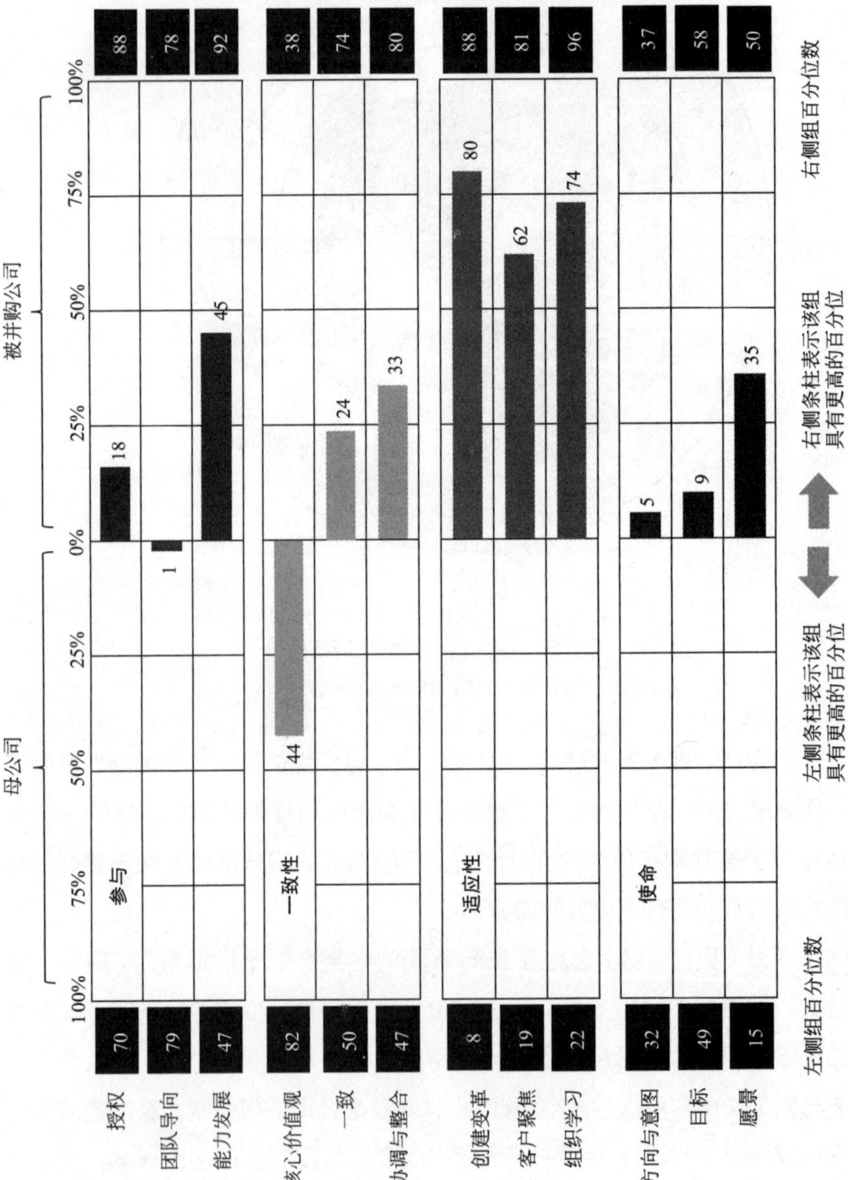

图 A.2　差距报告

资料来源：丹尼森与尼尔，1996. 经许可重印。版权所有。

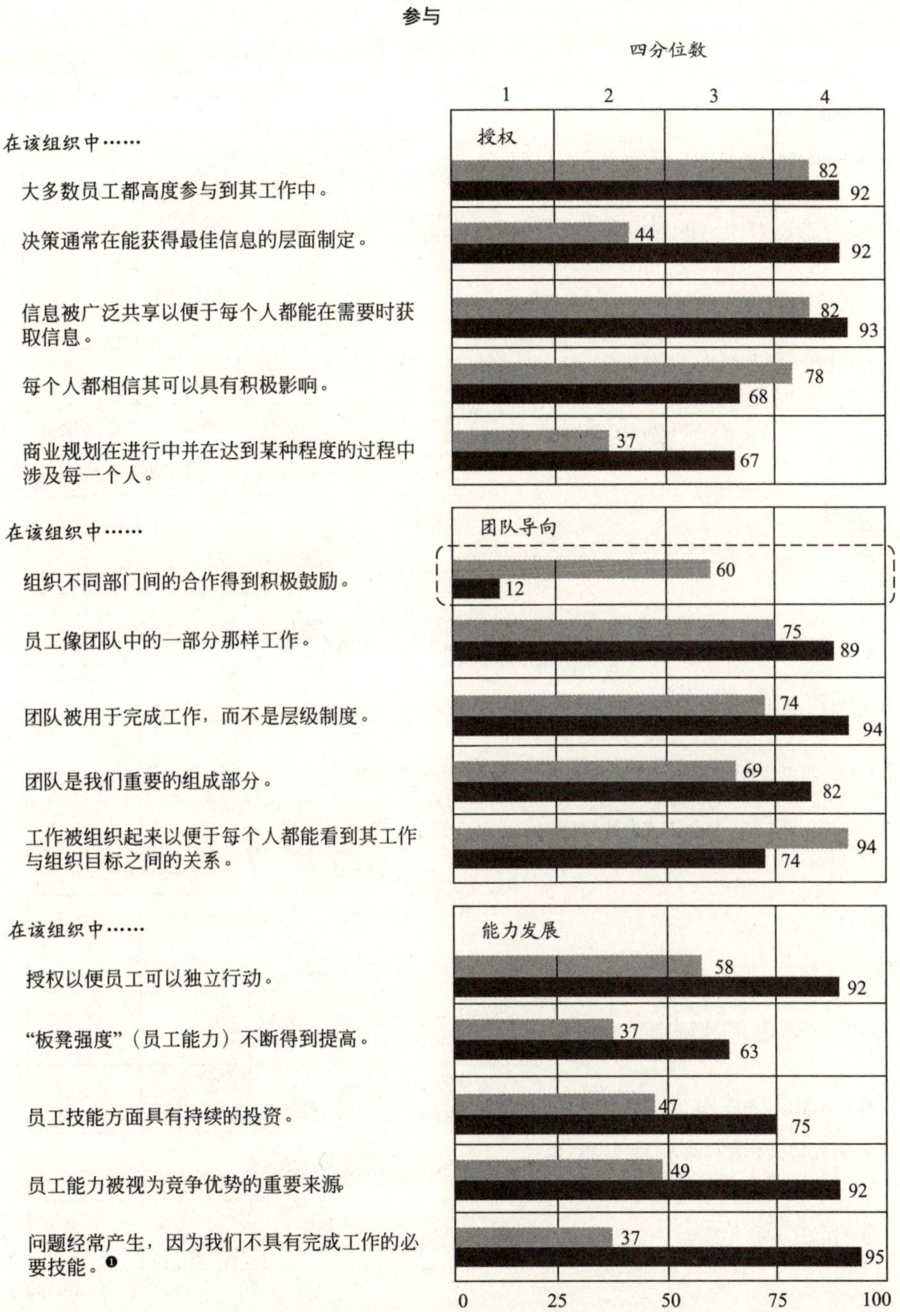

图A.3　参与的文化调研结果

资料来源：丹尼森与尼尔，1996. 经许可重印。版权所有。

❶ 原始分数已经由于这种反向陈述项而倒置了。在所有情况下，更高的分数都表示更有利的情况。

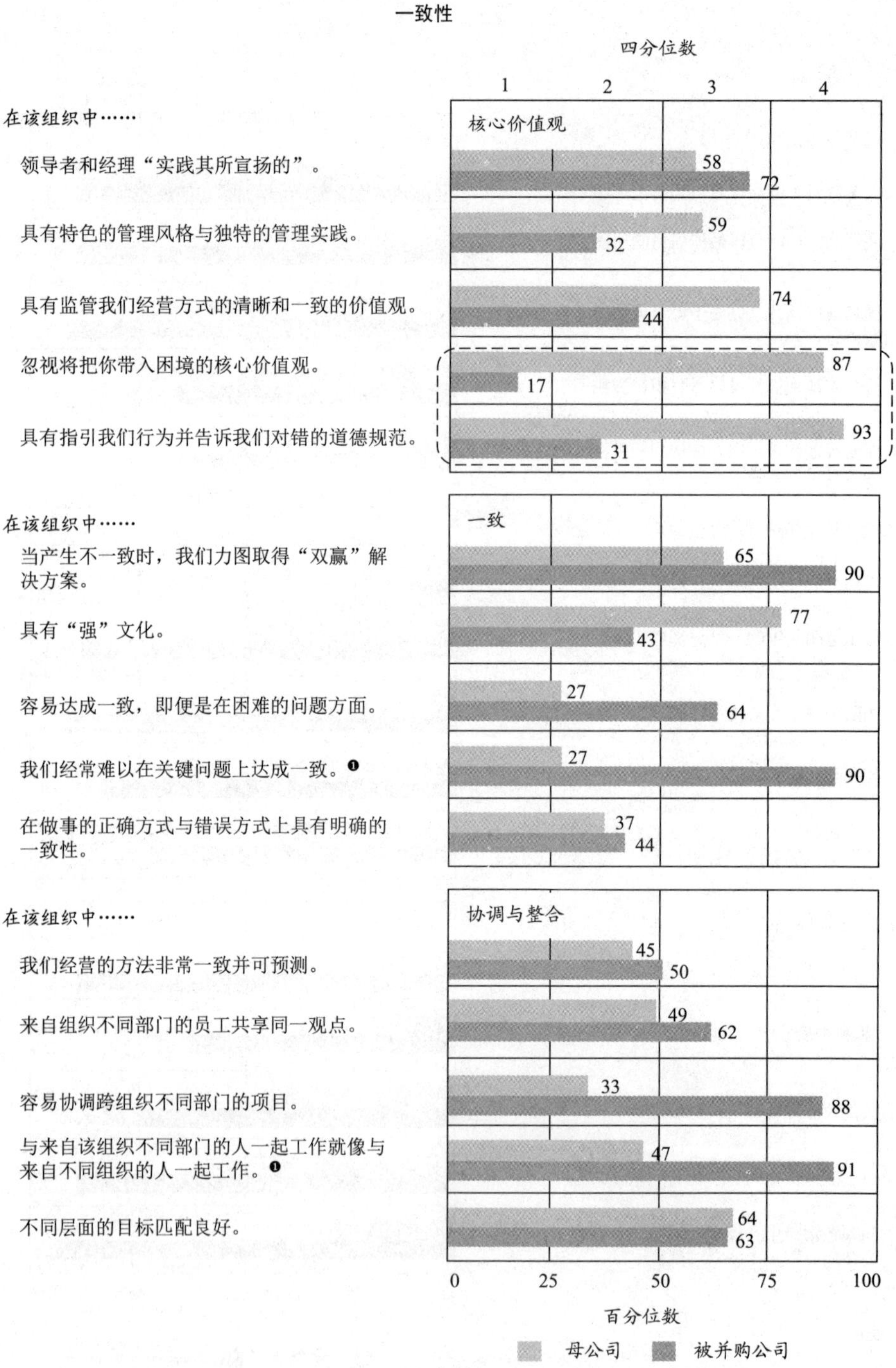

图A.4　一致性的文化调研结果

资料来源：丹尼森与尼尔，1996. 经许可重印。版权所有。

❶ 原始分数已经由于这种反向陈述项而倒置了。在所有情况下，更高的分数都表示更有利的情况。

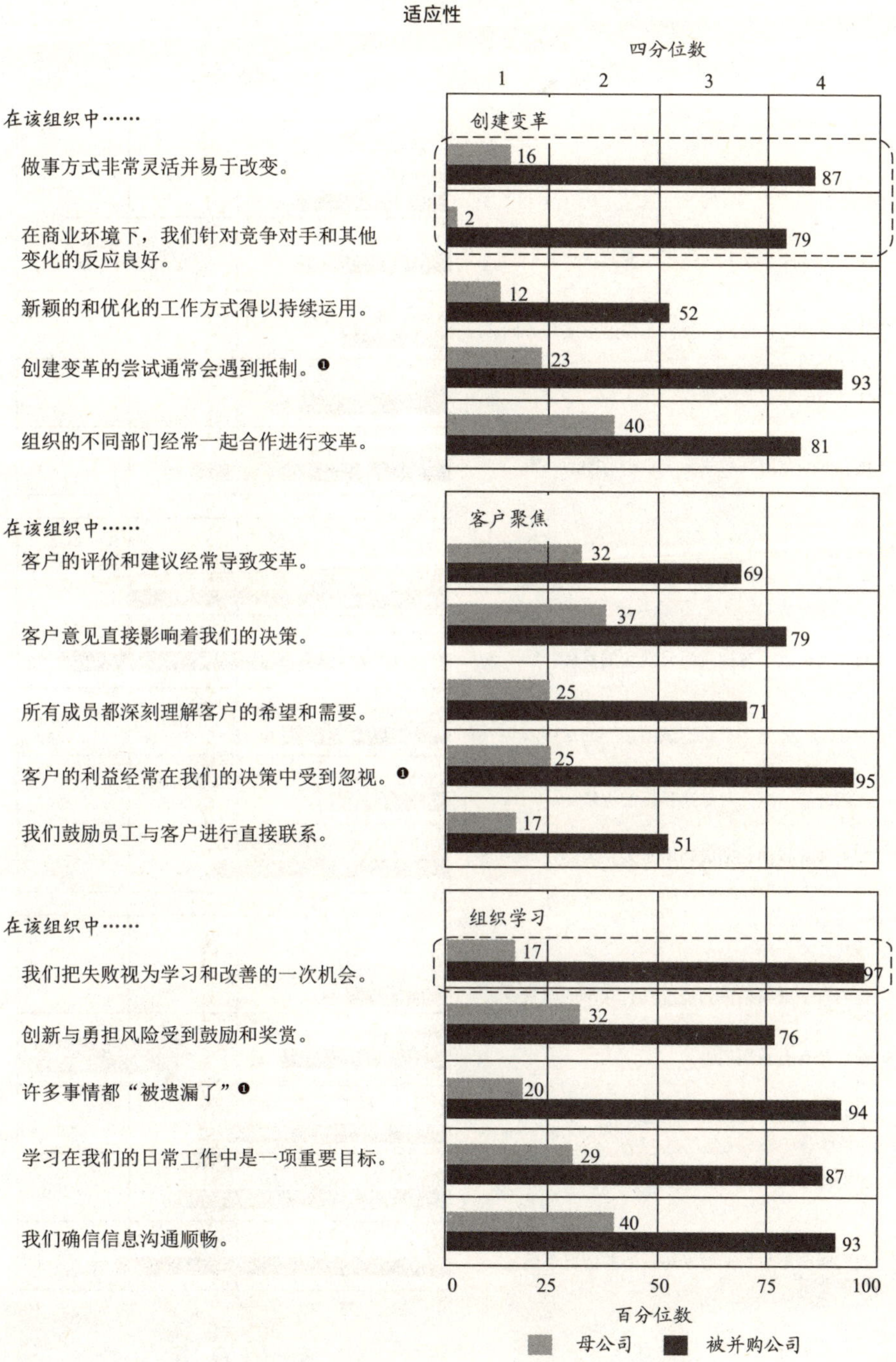

图A.5　适应性的文化调研结果

资料来源：丹尼森与尼尔，1996.经许可重印。版权所有。

---

❶ 原始分数已经由于这种反向陈述项而倒置了。在所有情况下，更高的分数都表示更有利的情况。

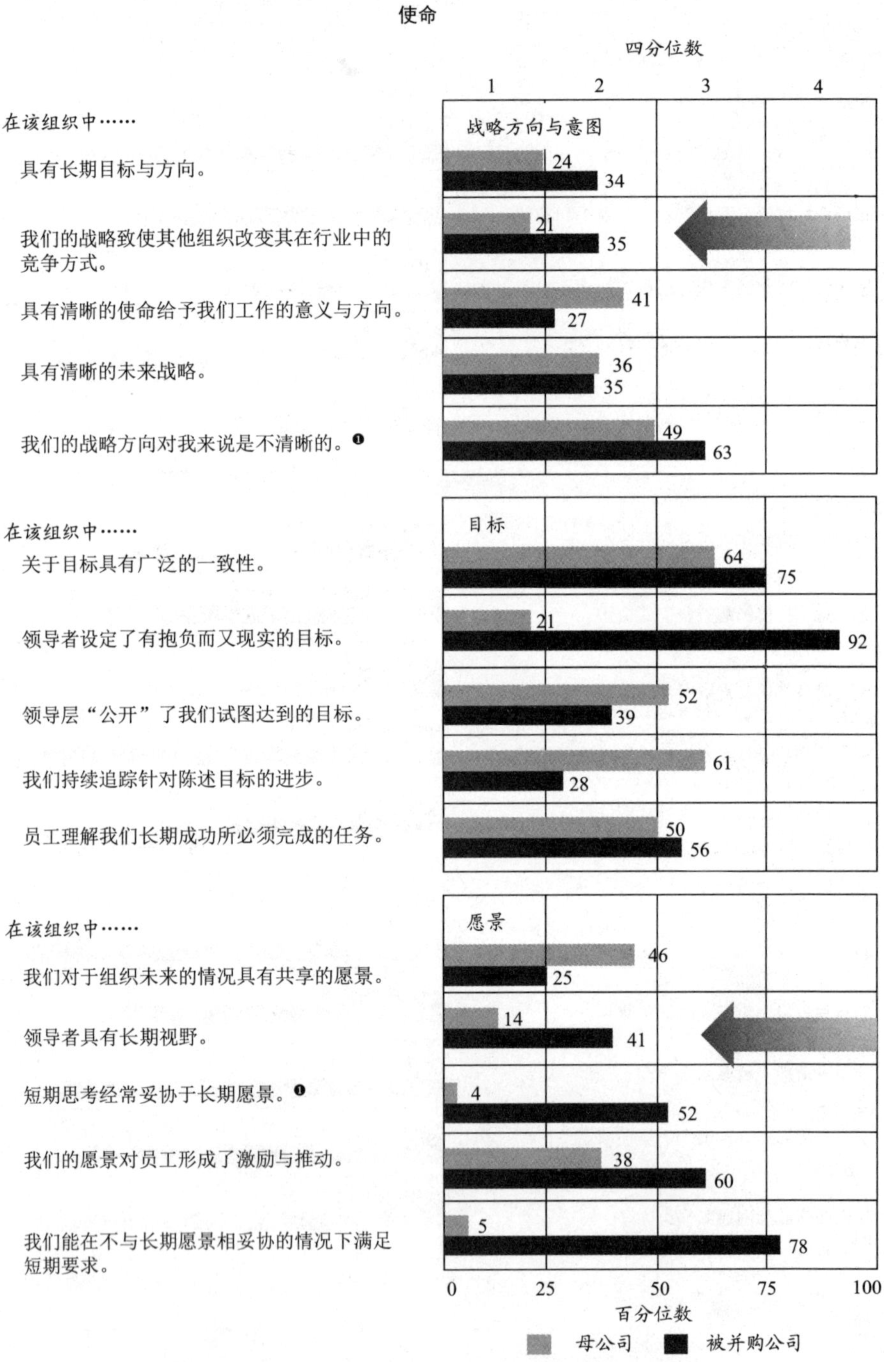

图A.6 使命的文化调研结果

资料来源：丹尼森与尼尔，1996. 经许可重印。版权所有。

❶ 原始分数已经由于这种反向陈述项而倒置了。在所有情况下，更高的分数都表示更有利的情况。

母公司

最高分数

分数	陈述
94	工作被组织起来，以便于每个人都可以看到其与组织目标之间的关系。
93	存在指引我们行为并判断对错的道德规范。
87	忽视核心价值观会让你处于困境之中。
82	大多数员工都高度参与到工作中。
82	信息被广泛共享以便于所有人都可以在需要时得到信息。

最低分数

分数	陈述
2	我们对于竞争对手以及商务环境中的其他变化反应良好。
4	短期思考经常妥协于长期愿景。[1]
5	我们能在不与长期愿景相妥协的情况下满足短期要求。
12	新的和被改善的工作方式被持续采纳。
14	领导者具有长期视野。

被并购公司

最高分数

分数	陈述
97	我们将失败视为学习和改善的机会。
95	由于我们没有做这项工作的技能而经常产生问题。[1]
95	客户利益经常在我们的决策中被忽视。[1]
94	许多事情都“不被注意”。[1]
94	团队被用于完成工作，而不是层级制度。

最低分数

分数	陈述
12	组织不同部门间合作得到积极鼓励。
17	忽视核心价值观会让你处于困境之中。
25	我们对于组织未来的情况有共享的愿景。
27	具有清晰的使命给予我们工作的意义与方向。
28	我们持续跟踪针对陈述目标的进步。

图A.7　文化调研对比：最高分数与最低分数

资料来源：丹尼森与尼尔，1996. 经许可重印。版权所有。

---

[1] 原始分数已经由于这种反向陈述项而倒置了。在所有情况下，更高的分数都表示更有利的情况。

合作方面了。被并购公司，尽管具有动态性，但是作为相当独立的一系列团队与部门，它们并非一直在强调合作。

报告第4页（见图A.4）总结了一致性项目的结果。这里，为了阐述方便，我们强调了核心价值观的两个项目："忽视核心价值观将会让你陷入麻烦"以及"存在引导我们行为并让我们辨别是非的道德准则"。这些项目表明，母公司具有一套远强于被并购公司的核心价值观。这使得被并购公司的领导者很担忧，因为他们感到合并以后母公司的核心价值观将会强加于他们身上。

报告第5页（见图A.5）提供了适应性的结果，显示了两家公司之间最大程度的差异。"创建变革"指标中的前两个项目得到了突出，以显示出在对竞争者作出反应的灵活性与质量方面最极端的差异。在第2个指标客户聚焦方面的5个项目，也显示出全面性的巨大差异。在第3个指标中，我们也强调了这样一个项目，即"我们把失败视为学习和改善的一次机会"，这个项目显示出在两家公司之间存在80个百分位的差距！

报告的第6页（见图A.6）表明了使命方面的结果，这倾向于说明在这个维度上，两家公司都存在大量改进的空间。我们在战略方向与意图以及长期愿景方面对一些结果进行了强调，以显示两家公司都能寻求一些帮助的领域。本报告的最后一页（见图A.7）简单地总结了每个组织的高分项与低分项。

该组织中所有的案例研究，对于这个作为整体的组织和该组织的许多不同部门，都运用了类似的详细报告。我们为一些组织撰写了数百份文字报告，以帮助它们理解公司不同部门的动态性，并支持反馈与行动规划过程，从而满足作为整体的组织以及组织内单个工作团队两个方面的需求。要获取有关调研和不同报告版本的信息，请访问我们的网站，www.denisonconsulting.com。

反馈与行动规划

在本书所讨论的每一个组织中，都有着旨在帮助将调查分析转变为实际行动的实质性介入。这方面工作的最基础部分发生在每一个公司中的反馈与行动规划过程。人们讨论这些结果，目的是理解他们的意图，更清晰地看到优点与弱点的模式，并将那些结果与行动机会联系在一起。

当我们向高层管理团队介绍调研结果时，这一过程通常就在公司高层开始了。

在大多数情况下，我们陈述了结果，帮助他们解释了优势与挑战的模式，然后推动为团队和组织设定行动重点的讨论。过程的下一步通常是在分部、地区、国家、功能或部门层面，将反馈与行动规划过程沿着层级结构向下移动。有时候，我们自己做这些工作，有时候是与咨询师一起完成，而有时候我们会培训为这些工作提供支持的内部顾问。在某些情况下，尤其是在该过程实施一年以后，反馈与行动规划过程大部分就由他们自己的行政管理人员来领导了，因为他们将这种信息整合到了日常的管理过程之中。

关于行动重点的沟通也是这一过程的关键部分。在变革的优先性方面，建立了共享机制的组织取得了最大的进步。我们甚至为一个客户开发了被称为“行动规划者”的网络工具，该客户正试图在全世界数百个工作团队中总结出行动重点。从中得到最大价值的公司也运用行动规划过程为领导组织变革而共享最佳实践，尤其是当反馈与行动规划过程包括诸如工厂、商店、地区、部门等多种单位的时候，这些单位具有不同的文化模式以及不同的绩效水平。组织高绩效部门与低绩效部门领导者之间的讨论，几乎总是能引发大家对好想法的分享。

许多公司也将反馈和行动规划过程与每年规划周期的一些内容联系在一起，并利用调研结果帮助指引它们既存的规划过程。例如，我们共同工作的一家公司，在每年6月都为其4个业务单位分别举办一次“战略周”活动。第二年它们进行了文化调查，决定为每一个业务单位准备好所有的调查结果，以便于在战略周期间进行讨论。其他公司一般计划在9月和10月准备好调查结果，以便于这些结果可以为来年的规划过程提供支持。

一旦建立了行动重点，它们就可以形成许多不同的方向。有些组织需要支持战略发展或战略实施，而有些需要一个愿景流程或平衡计分卡。有些需要关注客户小组或引领变革过程中的培训。有些需要创建产品发展中的跨职能团队网络，而其他的则需要重新界定其文化品牌以有利于招募员工。也有些需要在组织供应链、改善质量或重新定义核心价值观方面得到帮助。当公司开始关注其行动重点时，以上这些只是各种行动类型的一个简短清单。这些行动重点往往意味着，我们必须引入其他的咨询支持形式以有助于领导所要求的变革。

许多时候，客户会问我们一些问题，像是“我们如何提高在客户导向方面的分数？”这种问题的简单答案是，我们没有驱动改善过程的杀手锏。为什么没有？因为一家公司所面临挑战的应对之道对于其当前的境况来说总是很独特的。在管理学文献中，有许多很好的解决方案。当在某背景下运用良好时，这些方案就显得非常有作用，但是在不关注背景就全面运用时，它们可能会非常具有破坏性。我们一直询问的问题包括：哪些事情已经完成？你所尊崇的竞争对手中最常见的是谁？你尝试了但并不起作用的是什么？你需要拓展的领域中哪些方面取得了成功？只有在很好地理解背景的时候，驱动变化过程的手段中的重点才会清晰。

但是，即便每一家组织都需要找到应对它们自身挑战的独特方法，我们发现，如果我们可以为客户提供许多其他公司怎样进行提升的案例，这仍然会很有帮助。即便我们不推荐在没有认真考虑如何适配时直接运用这些建议，但是我们在网站的两份文档中确实提供了有关客户经验的两个总结，这两份文档是："通往绩效之路"和"变革的手段"。

基准流程

我们在文化调查中展现的几乎所有的结果都是以百分位的形式呈现的。为什么使用百分位呢？因为这可以让我们展示基准测试的结果。所有项目的反应都表现为百分制，基准测试消除了经常使调查结果难以解释的特定项目变异的噪声。

表A.1　我们为什么使用百分位

调查项目	均值	好评率（4分和5分）	百分位
大多数雇员都高度参与到工作中	3.94	86%	50
存在引导我们行为并让我们辨别是非的道德准则	3.78	82%	50
客户意见直接影响我们的决策	3.59	86%	50
员工喜欢成为团队的一部分	3.46	64%	50
各层级目标比较一致	3.21	57%	50
我们的愿景对雇员形成了激励与推动	3.04	41%	50
容易协调组织的不同部门	2.81	40%	50

当我们进行研讨会和培训课程的时候，会使用表A.1所展示的练习。我们第一次呈现这项练习的时候，只展示了表格的前两栏：每个项目的均值和好评率。然后，我们请小组成员运用那些数据为公司的CEO形成一套建议。他们通常很有创造性，并非常乐意在员工如何高度参与方面想出一些好主意，但是为了建立更好的协调等，

需要更宽泛的视野以及更多的共同目标意识。接着，我们把前两栏内容忽略掉，向他们展示最后一栏，表明这些分数确实是平均值——50百分位。这是故意设计的，因为我们在这项练习中选择这些项目，以反映出调研项目最高和最低均值的50百分位。

之后，我们问了几个简单的问题：如果第1项写为“所有的雇员都高度参与到工作中”而不是“大多数雇员都高度参与到工作中”，那么其总均值会发生什么变化？他们迅速得出了正确的判断——总均值会下降，因为使用“所有的”而不是“大多数”设定了更高的标准。具有最低均值的项目会怎样呢？“容易协调组织的不同部门”使用“容易”这个词让应答者很难对该项目给出非常有利的反应。因此，反映该项目的均值和好评率倾向于更低，即便这一均值仍然是平均的。

当组织利用均值或好评率来解释结果时，其解释受到项目书写方式的严重影响。设定最低门槛的项目得到了最积极的回应。设定了最高门槛的项目得到的积极回应最少。像这种没有基准测量的项目，以调研项目书写的方式为基础，很容易识别组织的优势与劣势。这可是个坏消息。不过，基准测量立即消除了这一问题。所以，我们认为只要有可能就运用基准测量，这一点是很重要的。

文化调查最新的规范创建于2011年，是以总共465000多名被调查者评判的931个组织为基础的。所有的组织在过去10年内都开展了调查活动。平均来看，包括在衡量基准中的组织由大约500位员工进行打分。每一个组织被调查者的数量从少至6名（一家有6名员工的组织）到多至65000名不等。我们在衡量基准中既有小组织又有大组织，因为小组织和大组织都会拿来与基准组织进行比较。在小组织与大组织之间存在许多重要的差别，但是在其调查得分方面并没有许多系统性差异。为了计算总体的衡量基准，每一个单独的组织都被赋予相同的权重。换句话说，在衡量基准中，一个调查了3000名员工的组织并不比调查了300名员工的组织有更大的影响力。

基准数据库每隔一年更新一次。如果需要基准数据库的详细描述，请参考我们网站上的汇总报告（上原，丹尼森，2012）。

有效性

文化调查最初的开发包括若干改进的阶段。建立在丹尼森（1984,1990）以及丹尼森和米什拉（1995）早期研究的基础上，我们为12项指标的每一项都开发了

5个项目。丹尼森和米什拉（1995）提供了定性与定量研究相结合的最佳解释，这形成了模型自身的发展。我们经历了增加新项目的几个周期，搜集更多的资料、检测有效性并完善措施。在演进的不同阶段，一系列工作论文对本研究进行了总结。总体上，我们的有效性检测一直集中于下述一系列重点：

1. 确认每项指标中各项目的内在一致性。

2. 构建区分效度表明一种指标中的项目与同指标内的其他项目要比与其他指标的项目具有更加紧密的联系。

3. 有效性检测的第三个阶段有点更为复杂。在此阶段，我们比较了“一级”和“二级”模型。本测试阶段旨在确认4个特征下的12个指标60个项目的“二级”模型，要比只是具有60个项目的1个因素或是每15个项目得到的4个因素能更好地与数据相匹配。

4. 在第1、2、3步单个水平上构建项目的有效性之后，我们接下来解决每个组织所做反应的内部一致性问题。这是要确认各组织的反应是合理一致的，以便在组织层面上对结果的集合体进行判断。

5. 有效性验证的最后一部分是确认该调查结果预测了绩效，支持了在组织文化与企业绩效之间存在紧密联系的核心思想。在本附录的研究部分，对那种研究进行了更为详细的总结。

我们多年来进行的有效性检测已经总体表明了在所有这些检验标准方面的积极结果。最近一篇综述文章很好地总结了有效性过程，可以在我们的网站上进行阅读（丹尼森，涅米宁，柯特巴，在出版中）。下一部分所引用的对背景研究进行概述的其他成果，也包括了大范围的有效性研究。

研究综述

正如我们在第1章所详述的，文化调查及其背后的概念模型被开发成用于操作的文化有效性理论，该理论关注于我们所识别的作为组织绩效驱动力的4种主要特征：参与、一致性、适应性与使命。这些特征由丹尼森及其同事一系列的研究开发所形成，结合了定性与定量的方法，来检验高绩效与低绩效组织的文化特征。该部分对于这些研究进行了简要总结并提供了许多引文。

早期的研究（丹尼森，1982，1984，1990；丹尼森，米什拉，1995）集中于公司文化与组织有效性之间的联系，并逐渐形成了构建一系列调查结果的方法的概念模型，这些结果产生于有效组织文化特征方面的研究。第二个系列的研究（丹尼森，哈兰德，葛尔策，2003；费，托马斯，2009；丹尼森，辛，圭德罗斯，张，2010）更加具有全球焦点。该系列研究仔细调查了几个全球性样本公司，也包括聚焦于俄罗斯、土耳其、西班牙和中国的特定研究。第三个研究系列包括更多最近的研究，进一步调查了一段时间内组织文化与企业绩效之间的联系（斯麦瑞克，丹尼森，2007；吉莱斯皮，丹尼森，哈兰德，斯麦瑞克，尼尔，2008；柯特巴，吉莱斯皮，施密特，斯麦瑞克，里奇，丹尼森，2012；博伊斯，2010）。最后，萨克曼（2011）和丹尼森、涅米宁和柯特巴（出版中）最近在文化与绩效方面的综述将这项研究设定在更加宽泛的组织研究文献中。这些研究有助于支持这种思想，即最高绩效的组织想尽办法授权并吸引他们的员工（参与），推动协调性行动并提升与核心企业价值观相一致的行为（一致性），把组织环境要求转化为行动（适应性），并提供清晰的目标感与方向感（使命）。

许多组织领域的学者都描述了类似概念的涵义及其重要性，他们对高绩效组织的特征很感兴趣（戈登，蒂图毛索，1992；卡茨，卡恩，1996/1978；科特，赫斯克特，1992；劳勒，1986；马丁，1992；明茨伯格，1989；萨福德，1988；沙因，2010；塞尔兹尼克，1957；斯伯莱茨，1995，1996）。该文化模型利用了在组织职能与有效性之下的动态张力的当代理论（丹尼森，霍伊博格，奎因，1995；丹尼森，斯伯莱茨，1991；奎因，卡梅隆，1988）以及研究有效社会系统特征的经典方法（帕森斯，1951；卡茨，卡恩，1966/1978；劳伦斯，洛尔施，1967）。这些张力反映了组织在试图完成外部适应性与内部一体化两方面目标时，所经历的根本性的推力和拉力（劳伦斯，洛尔施，1967；沙因，2010）。

参考文献

Bonavia,T.,Gasco,V.J.,&Tom ά s,D.B.(2009). Spanish adaptation and factor structure of the Denison Organizational Culture Survey. Psicothema, 21, 633-638.

Boyce,A.S.(2010). Organizational climate and performance: An examination of causal priority. (Doctoral dissertation, Michigan State University).

Denison,D.(1990). Corporate culture and organizational effectiveness. New York: Wiley.

Dension,D., Hooijberg,R., & Quinn,R.(1995). Paradox and performance: Toward a theory of behavioral complexity in managerial leadership. Organization Science, 6, 524-540.

Denison,D., & Mishra,A.(1995). Toward a theory of organizational culture and effectiveness. Organizational Science, 6, 204-223.

Denison,D.R.(1982). The climate, culture, and effectiveness of work organizations: A study of organizational behavior and financial performance. (Doctoral dissertation, University of Michigan)

Denison,D.R.(1984). Bringing corporate culture to the bottom line. Organizational Dynamics, 13,4-22.

Denison,D.R. Haaland,S., & Goelzer,P.(2003). Corporate culture and organizational effectiveness: Is there a similar pattern around the world? Advances in Global Leadership, 3, 205-227.

Denison,D.R., & Neale,W.S.(1996). Denison Organizational Culture Survey. Ann Arbor, MI: Aviat.

Denison,D.R., Nieminen,L., & Kotrba,L.(in press). Diagnosing organizational cultures: A conceptual and empirical review of culture effectiveness surveys. European Journal of Work and Organizational Psychology.

Denison,D.R., & Spreitzer, G.(1991). Organizational culture and organizational development: A competing values approach. Research in Organizational Change and Development, 5, 1-21.

Denison,D.R., Xin,K., Guidroz,A.M., & Zhang,L.(2010). Corporate culture in Chinese organizations. In N.Ashkanasy, C. Wilderom, & M.Peterson (Eds.), The handbook of organizational culture and climate (2nd ed.,pp.

561–581). Thousand Oaks, CA: SAGE.

Fey, C., & Denision, D.R. (2003). Organizational culture and effectiveness: Can an American theory be applied in Russia? Organization Science, 14, 686–706.

Gillespie, M., Denison, D.R., Haaland, S., Smerek, R., & Neale, W. (2008). Linking organizational culture and customer satisfaction: Results from two companies in different industries. European Journal of Work and Organizational Psychology, 17, 112–132.

Gordon, G., & DiTomaso, N. (1992). Predicting corporate performance from organizational culture. Journal of Management Studies, 29, 783–798.

Katz, D., & Kahn, R. (1996/1978). The social psychology of organizations. New York: Wiley.

Kotrba, L.M., Gillespie, M.A., Schmidt, A.M., Smerek, R.E., Ritchie, S.A., & Denison, D.R. (2012). The effects of cultural consistency on business performance. Human Relations, 65, 241–262.

Lawler, E. (1986). High involvement management. San Francisco: Jossey–Bass.

Lawrence, P., & Lorsch, J. (1967). Organization and environment: Managing differentiation and integration. Boston, MA: Harvard University Division of Research.

Martin, J. (1992). Cultures in organizations: Three perspectives. New York: Oxford University Press.

Mintzberg, H. (1989). Mintzberg on management. New York: Free Press.

Parsons, T. (1951). The social system. London: Routledge & Kegan Paul.

Quinn, R., & Cameron, K. (1988). Paradox and transformation: Toward a theory of change in organization and management. Cambrige, MA: Ballinger.

Sackmann, S.A. (2011). Culture and performance. In N. Ashkanasy, C. Wilderom, & M. Peterson (Eds.), The handbook of organizational culture and climate (2nd ed., pp. 188–224). Thousand Oaks, CA: SAGE.

Saffold, G. (1988). Culture traits, strength, and organizational performance:

Moving beyond "strong" culture. Academy of Management Review, 13, 546-558.

Schein, E. (2010). Organizational culture and leadership (4th ed.). San Francisco: Jossey-Bass.

Selznick, P. (1957). Leadership in administration. Evanston, IL: Row & Peterson.

Smerek, R., & Denison, D.R. (2007). Social capital in organizations: Understanding the link to firm performance. Academy of Management Best Paper Proceedings.

Spreitzer, G. (1995). Psychological empowerment in the workplace: Dimensions, measurement, validation. Academy of Management Journal, 38, 1442-1466.

Spreitzer, G. (1996). Social structural characteristics of psychological empowerment. Academy of Management Journal, 39, 483-504.

Uehara, K., & Denison, D.R. (2012). General report: 2011 DOCS norms. Ann Arbor, MI: Denison Consulting.

Yilmaz, C., & Ergun, E. (2008). Organizational culture and firm effectiveness: An examination of relative effects of culture traits and the balanced culture hypothesis in an emerging economy. Journal of World Business, 43(3), 290-306.

致 谢

有那么多人对本书做出了贡献，应该得到我们的感谢，却又不知从何说起。我一直都很幸运，在职业生涯中得到了许多有益的影响，可是要理出头绪并不容易。因此，我就按照时间和工作机构的顺序，试着不遗漏所要感谢的任何一位。并为可能遗漏的任何人事先表示歉意。

我想首先感谢我的“领路人”。我的职业生涯是从加入密歇根大学社会研究所真正开始的。很幸运，我与该领域的一些实际开创者一起工作，他们是伦西斯 · 利克特、简 · 吉布森 · 利克特、罗伯特 · 卡恩、斯坦利 · 西肖尔以及大卫 · 鲍尔斯。1987年，当我到了密歇根商学院工作后，我的好运又接踵而至，与卡尔 · 韦克、普拉哈拉德、金姆 · 卡梅隆、鲍勃 · 奎因、斯图 · 哈特、简 · 达顿、兰斯 · 桑德兰斯、吉姆 · 沃尔什、休 · 阿什福德、杰里 · 戴维斯以及格里 · 罗丝等的联系让我的学习曲线得到快速提升。

1999年，我离开了密歇根大学，因为很明显我职业生涯的下一个阶段需要具有全球性视野。1995 ~ 1996年，我们一家人在东京的一桥大学度过了非常棒的一年公休假期，在那里我受到了野中郁次郎及其同事竹内广隆、米仓二郎和一条和雄的影响。就在我们要离开日本的时候，弗拉多 · 普奇克说服我应该到瑞士洛桑的国际管理发展学院（IMD）来访学。现在，IMD成为我的学术之家已经有12年之久了，这里一直都是富有活力和令人激动的工作场所。彼得 · 罗伦吉和多米尼克 · 托宾在他们的校长任期内，都非常慷慨并支持了我的工作。IMD的同事们也帮着让这里变得很了不起。要特别感谢拉埃尔 · 阿尔布雷希特、索菲 · 佩吉里福特、塞德里克 · 沃谢、佩特里 · 莱迪瓦拉、珀斯塔 · 埃格利以及整个的研究与案例写作团队。

但是我最衷心的感谢要给予我在IMD的所有同事。他们是永不枯竭的乐趣与友谊的源泉，同时也激发了我更多的新想法。尤其是要感谢什洛莫 · 宾虚、罗尔夫 · 博舍克、西里尔 · 布凯、贝蒂娜 · 布切尔、巴拉 · 查克拉瓦塞、乔 · 斯特凡诺、阿尔布雷克特 · 恩德斯、比尔 · 费希尔、彼得 · 凯林、乔治 · 科尔里瑟、汤姆 · 麦尔奈特、珍 · 弗朗索瓦 · 曼佐尼、玛莎 · 玛兹奈瓦齐、阿南德 · 纳拉辛汗、莫里 · 佩伯尔、菲尔 · 罗森茨威格、迈克尔 · 沃特金斯以及约翰 · 威克斯。

组织研究领域里的同事也是我灵感的重要来源。我最为感谢文化大师埃德加 · 沙因，他给予我的大力支持和无止境的洞见。我职业生涯中最为快乐的事情之一，便是他对于本书所产生的兴趣。我IMD的同事约翰 · 威克斯也让我充满感激，他对本书的草稿进行了细心和有深刻见解的评论。他的评论在交稿之前的最后几周时间内，指引了我对于手稿的最后修改。

我也要感谢该领域里的其他许多同事：本·施耐德、约翰·范曼恩、艾德·劳勒、迈克·比尔、约翰·科特、尼尔·阿什卡纳赛、苏珊·杰克逊、鲍勃·萨顿、史蒂夫·巴利、斯图·弗里德曼、理查德·哈克曼、保罗·劳伦斯、吉尔特·霍夫斯泰德、克里斯·阿基里斯、索尼娅·萨克曼、特里·贝尔、查德·哈特内尔、马克·埃尔哈特、戴夫·霍格博格、罗伯特·库伯、戴夫·史万德、路易斯·托纳茨基、玛格丽特·戈尔曼、迈克·罗瑟、维克·斯揣切尔、杰夫·利克尔、宝拉·卡普里尼、尼尔·森德尔巴克以及迈克尔·麦格拉斯。这也只是刚开了个头。

我非常感谢在密歇根州安阿伯市丹尼森咨询公司的同事对于这项工作所做的一切。比尔·尼尔、布莱恩·阿德金斯、杰伊·理查兹、马克·西蒙森、爱丽丝·瓦斯塔格、纳比尔·苏苏以及蒂姆·库普勒用各种我无法计数的方式予以支持。丹尼森咨询公司的研发团队是我最为骄傲的成就，他们一直是越做越好。林德赛·柯特巴、李维·涅米宁、上原谦、伊亚·柯、赖安·斯迈利克，以及艾希莉·圭德罗斯对于此项工作做出了重要贡献。没有他们的支持，我不可能做到这些。在最后几个月中，贾伦·哈特为使我跟得上所有的“最终”修订提供了巨大的帮助。尤其感谢珍·霍瑟、卡罗琳·费舍尔、迈克尔·麦克纳利、比尔·莫布里、琳达·里斯、梅格·戴维斯、亚力山卓·罗德里格斯、克里斯·堪西亚洛斯以及布莱恩·格拉泽。

也许最有价值的贡献来自于那些帮助我们理解其文化的人。他们开放并具有深刻的见解，与我们分享了许多知识。瑞士再保险的安德里亚斯·贝利和帕特里克·麻利尤科斯；德意志技术公司的罗尔夫·施伦；GT汽车公司的蒂姆·库普勒；通用的马蒂·莱赫托宁；以及淡水河谷的罗杰·阿涅利和马尔科·达泊萨——他们都为我们提供了非常多的帮助！正是他们的成就组成了本书最好的实践经验。

最后，与乔西－巴斯出版社我的编辑卡特·斯威尼一起工作真的很愉快。在整个过程中，她推拉驱动，成为团队的关键角色。我向她以及所有乔西－巴斯/威利出版社帮助完成这项工作的员工表示感谢！

当然，本书要献给我的家人。他们是我最重要的人。没有他们的支持、耐心和理解，我们将永远不可能完成这项工作！

丹尼尔·丹尼森
瑞士，洛桑
2012年6月